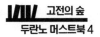

고전의 숲

두란노 머스트북 4

하나님을 추구하다
The Pursuit of God

고전의 숲
두란노 머스트북 4

하나님을 추구하다

지은이 | A. W. 토저
옮긴이 | 홍종락
초판 발행 | 2024. 2. 21
등록번호 | 제1988-000080호
등록된 곳 | 서울특별시 용산구 서빙고로65길 38
발행처 | 사단법인 두란노서원
영업부 | 02)2078-3333 FAX | 080-749-3705
출판부 | 02)2078-3330

책값은 뒤표지에 있습니다.
ISBN 978-89-531-4781-2 04230
      978-89-531-3462-1 04230 (세트)

독자의 의견을 기다립니다.
tpress@duranno.com www.duranno.com

두란노서원은 바울 사도가 3차 전도 여행 때 에베소에서 성령 받은 제자들을 따로 세워 하나님의 말씀으로 양육
하던 장소입니다. 사도행전 19장 8-20절의 정신에 따라 첫째 목회자를 돕는 사역과 평신도를 훈련시키는 사역,
둘째 세계선교TIM와 문서선교단행본·잡지 사역, 셋째 예수문화 및 경배와 찬양 사역, 그리고 가정·상담 사역 등을 감
당하고 있습니다. 1980년 12월 22일에 창립된 두란노서원은 주님 오실 때까지 이 사역들을 계속할 것입니다.

The Pursuit of God
A. W. Tozer

하나님을 추구하다

A. W. 토저 지음

홍종락 옮김

두란노

우리가 여호와를 알자
힘써 여호와를 알자
그의 나타나심은
새벽빛같이 어김없나니
호세아 6장 3절

이 책은 하나님을 갈망하여 '그분의 행사의 단편'과 '죄인들을
향한 깊고 깊은 사랑'과 '다가갈 수 없을 만큼 높은 위엄'을 조금이
라도 파악하기를 열망하는 마음이 누리는 내면생활에 관한 훌륭
한 연구서다. 그런데 이 책의 저자는 〔대도시〕 시카고에서 사역하는
바쁘디 바쁜 목사다!

다윗이 시카고 사우스홀스티드가(街) 한복판에서 시편 23편
을 쓰는 상황을 상상할 수 있겠는가? 중세의 한 신비주의자가 끝
없이 펼쳐진 도로들이 교차하며 이루는 거대하고 평평한 바둑판
같은 풍경 속 목조 주택 2층 작은 서재에서 영감을 얻는 상황은?
뉴욕의 프랭크 메이슨 노스 박사는 〔현대 대도시의 삶을 바라보며〕 이렇
게 탄식했다.

혼잡한 삶의 길들이 교차하고
인종과 종족의 외침들이 들려오네.
두려움으로 어둡고 그늘진 문턱에서
비참과 빈곤이 출몰하고
길에는 탐욕의 유혹이 숨어 있구나.

하지만 그는 동일한 불후의 찬송 시에서 또한 다음과 같이 노래했는데, 같은 고백을 토저 목사의 이 책에서 들을 수 있다.

이기적인 투쟁의 소음 너머로
우리는 당신의 음성을 듣나이다, 오, 인자(人子)시여.

토저 목사와의 친분은 내가 그의 교회를 몇 차례 짧게 방문하고 사랑의 교제를 나눈 게 전부다. 그곳에서 나는 독학으로 학문을 깨친 학자이자, 훌륭한 개인 장서를 갖추고 신학서와 경건서를 가리지 않고 탐독하는 독서가, 하나님을 추구하며 밤이 깊도록 불을 밝히는 참다운 그리스도인을 만났다.

이 책은 오랜 묵상과 많은 기도가 빚어낸 열매다. 설교 모음집이 아니다. 이 책의 관심사는 강단과 신도석이 아니라, 하나님을 갈망하는 영혼이다. 이 책의 내용은 "주의 영광을 내게 보이소서"라는 모세의 기도나 "깊도다 하나님의 지혜와 지식의 풍성함이여"라는 바울의 외침으로 요약할 수 있을 것이다(출 33:18; 롬 11:33). 이는 머리의 신학이 아니라, 가슴의 신학이다.

이 신선한 책에는 깊은 통찰력, 진중한 문체, 시각의 보편성이 있다. 저자는 아우구스티누스, 니콜라우스 쿠자누스, 토마스 아 켐피스, 프리드리히 폰 휘겔, 찰스 피니, 존 웨슬리 등 기독교 교부부터 중세의 신비주의자들, 수 세기에 걸친 믿음의 인물들에 관해 잘 안다. 이 책의 열 장의 본문은 우리에게 성찰을 촉구한다. 각 장 마지막에 실린 기도문을 활용할 곳은 설교단이 아니라, 각자의 골방이다. 이 책을 읽는 동안 나는 하나님이 가까이 계심을 느꼈다.

하나님의 깊은 것과 부요한 은혜를 다루는 이 책의 기조는 진실함과 겸손이다. 모든 목사, 선교사, 경건한 그리스도인을 위한 메시지다.

뉴욕시에서
새뮤얼 M. 즈웨머[1]

차례

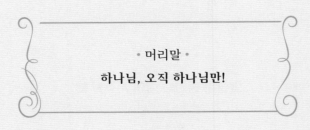

거의 모든 곳에 어둠이 내려앉은 이 시대에 기운을 북돋우는 한 줄기 희미한 빛이 비친다. 하나님을 향한 갈망이 날로 커져 가는 신앙인들이 보수 기독교계에서 점점 늘고 있는 것이다. 그들은 영적 실재를 갈망하며, 말에 넘어가지 않고, 단순히 진리에 대한 올바른 '해석'에 만족하지 않는다. 하나님께 목마른 그들은 생수의 근원에서 마음껏 마시기 전까지는 만족을 모른다.

이것이 내가 기독교의 지평선 전체에서 감지할 수 있었던 부흥의 유일한 진짜 조짐이다. 어쩌면 이것은 여기저기 흩어진 소수의 성도들이 찾던 "손바닥만 한 작은 구름"일지도 모른다(왕상

18:44, 새번역). 이로 말미암아 많은 영혼에게 생명의 부활이 나타날 수 있고, 그리스도에 대한 믿음에 따라와야 마땅한 빛나는 경이, 이 시대 하나님의 교회에서는 거의 사라져 버린 그 경이를 되찾을 수 있다.

그러나 이 갈망을 우리의 종교 지도자들이 인식해야 한다. 현재의 복음주의는 (다른 비유를 써 보자면) 제단을 쌓고 제물의 각을 떠 놓고도 이제는 [제단을 이루는] 돌멩이 수를 세고 각 뜬 제물의 조각들을 재배치하는 데 만족할 뿐 갈멜산 꼭대기에 불이 내릴 징조가 보이지 않아도 아무런 관심이 없는 듯하다.

그런데 하나님께 감사하게도, 관심을 갖는 소수가 있다. 그들은 제단을 사랑하고 희생 제물을 기뻐하긴 하지만 불이 내리지 않는 상태가 이어지는 걸 받아들이지 못한다. 그들은 무엇보다 하나님을 바란다. 모든 거룩한 선지자들이 예언했고 시편 기자들이 노래했던 그리스도의 사랑의 "날카로운 감미로움"을 직접 맛보기를 갈망한다.

오늘날에는 그리스도의 가르침의 원칙들을 정확하게 설명해 줄 성경 교사들이 부족하지 않다. 하지만 그들 중 너무나 많은 이가 그저 신앙의 기본 내용을 해를 거듭하여 가르치는 데 만족하는 듯하고, 자신이 하는 사역에 하나님의 분명한 임재가 없고 자기 삶에도 전혀 남다른 점이 없음을 이상하게도 알아채지 못한다. 교사들의 가르침을 끊임없이 받으면서도 신자들은 그것이 채워 주지

13

못하는 목마름을 느낀다.

안타까운 마음에서 하는 말인데, 우리 설교 강단의 이런 결핍은 실질적인 문제다. "굶주린 양들이 고개를 들지만 먹을 것을 얻지 못한다"던 존 밀턴의 무서운 선고는 당대만큼이나 오늘날에도 정확하게 적용된다. 하나님의 자녀들이 아버지의 식탁에 앉아서 굶주리는 모습이라니, 이는 참으로 침통한 일이요, 하나님 나라의 커다란 추문이다.

존 웨슬리의 말이 얼마나 옳은지가 이제 우리 눈앞에서 확고히 드러난다. "정통 신앙(Orthodoxy), 즉 올바른 견해는 기껏해야 기독교의 아주 얼마 안 되는 일부분이다. 올바른 마음 상태는 올바른 견해 없이 존재할 수 없지만, 올바른 견해는 올바른 마음 상태 없이 존재할 수 있다. 하나님에 대한 올바른 견해를 갖고도 그분을 사랑하지 않고 그분에 대한 마음 상태가 올바르지 않을 수도 있다. 사탄이 그 증거다."

훌륭한 성서 공회들과 말씀을 보급하는 여러 뛰어난 단체 덕분에, 오늘날 수백만 명의 사람들이 '올바른 견해'를 갖고 있다. 아마도 교회 역사상 그 어느 때보다 그 수가 많을 것이다. 하지만 참된 영적 예배가 지금처럼 약해진 때가 있었을까 싶다. 많은 교회에서 예배라는 예술이 완전히 사라졌고 그 자리에 '프로그램'이라는 이상하고 낯선 것이 들어섰다. 무대에서 빌려 온 이 단어는 이제 다들 예배라고 여기는 공적 의식의 명칭으로 쓰인다. 한심한 지혜가 발휘된 셈이다.

건전한 성경 강해는 살아 계신 하나님의 교회에 절대적으로 필요하다. 건전한 성경 강해 없이는 어떤 교회도 엄격한 의미에서 신약성경이 말하는 진정한 교회일 수 없다. 그러나 강해를 하면서도 청중에게 참된 영적 양분을 전혀 공급하지 못할 수 있다. 영혼에 양분을 공급하는 주체는 말이 아니라 '하나님'이시고, 청중이 개인적인 경험 가운데 하나님을 발견하지 못하거나 발견하기 전까지는 진리를 듣는다고 해서 나아지지 않기 때문이다. 성경은 그 자체가 목적이 아니라, 사람들을 하나님에 대한 친밀하고 만족스러운 지식으로 이끄는 수단이다. 그들이 하나님 안에 들어가고, 하나님의 임재를 기뻐하고, 마음속 중심에서 하나님 안에 있는 감미로움을 맛보고 알도록 이끄는 수단 말이다.

이 책은 하나님의 배고픈 자녀들이 하나님을 찾을 수 있도록 돕기 위한 소박한 시도다. 여기에 새로운 내용은 없다. 영적 실재들이 너무나 즐겁고 놀라운 것임을 내 마음이 직접 발견했다는 의미에서만 새로울 뿐이다. 이전의 어느 사람들은 이 거룩한 신비 속으로 나보다 훨씬 깊숙이 들어갔지만, 내 불이 크지는 않아도 진짜이니 이 작은 불길을 이용해 자신의 초에 불을 붙일 수 있는 사람들이 있을 것이다.

1948년 6월 16일
일리노이주 시카고에서

──── A. W. 토저

15

CHAPTER 1

밤낮 하나님을 추구하는
달콤한 열기 속으로

✦ 그분의 오랜 기다림에 응답할 시간

나의 영혼이 주를 가까이 따르니
주의 오른손이 나를 붙드시거니와.
시편 63편 8절

기독교 신학에서는 선행(先行) 은총 교리를 가르친다. 선행 은총 교리를 간단히 말하자면, 인간이 하나님을 찾아 나설 수 있는 것은 하나님이 인간을 먼저 찾아 나서셨기 때문이라는 것이다.

죄인이 하나님을 올바로 생각하기 위해서는 먼저 그의 내면에서 깨우침의 역사가 있어야 한다. 그것은 불완전할지 모르나 참된 역사이며, 이후에 따라올 모든 갈망과 추구와 기도의 숨은 원인으로 작용한다.

우리가 하나님을 추구하는 이유는 오로지 하나님이 먼저 그런 마음을 우리 안에 두셨기 때문이다. 우리 주님은 "나를 보내신 아버지께서 이끌지 아니하시면 아무도 내게 올 수 없[다]"고 말씀하셨다(요 6:44). 바로 이런 선행적 이끄심이 있기에 우리는 하나님께 나아가는 행위마저 그분께 공을 돌려야 마땅하다. 하나님을 추구하려는 마음은 하나님에게서 나오고, 그 마음은 그분을 가까이 따라가는 모습으로 드러난다. 우리는 하나님을 추구하는 내내 이미 그분의 손안에 있다. "주의 오른손이 나를 붙드시거니와"(시 63:8).

하나님의 이런 '붙드심'과 인간의 '따름' 사이에는 어떤 모순도 없다. 모든 것은 하나님에게서 나온다. 프리드리히 폰 휘겔이 가르친 대로, 하나님이 언제나 먼저 행하시기 때문이다. 그런데 실제로는(즉 하나님의 먼저 일하심과 인간의 현재적 반응이 만나는 곳에서) 인간은 하나님을 추구해야 한다. 우리 쪽의 적극적인 호응이 있어야 하나님의 은밀한 이끄심이 인지할 수 있는 경험으로 나타난다.

시편 42편에서 기자는 개인적 감정이 드러나는 따스한 언어로 이렇게 진술한다. "하나님이여 사슴이 시냇물을 찾기에 갈급함같이 내 영혼이 주를 찾기에 갈급하니이다 내 영혼이 하나님 곧 살아 계시는 하나님을 갈망하나니 내가 어느 때에 나아가서 하나님의 얼굴을 뵈올까"(1-2절). 이는 깊음이 깊음을 부르는 일이며(시 42:7, 새번역), 갈망하는 마음은 이 내용을 이해할 것이다.

믿음으로 의롭게 된다는 이신칭의 교리는 성경적 진리요, 무익한 율법주의와 부질없는 자력 구원의 노력에서 벗어나게 해 주는 복된 교리다. 하지만 이 시대에 와서 이 교리는 안 좋은 요소들과 결합했고 많은 이들이 잘못 해석하여 하나님을 아는 지식을 가로막는 지경이 됐다. 사람들은 신앙적 회심의 과정 전체를 기계적이고 활기 없는 일로 받아들였다. 도덕적 삶에 대한 부담 없이, 아담적 자아[스스로 신이 되려 하는 자기중심적 본성-옮긴이]를 전혀 괴롭히지 않고도 믿음 생활을 할 수 있게 됐다. 그리스도를 '영접'한 신자에게 그분을 향한 특별한 사랑이 전혀 생기지 않는 일이 가능해졌다. 그는 '구원을 받지만' 하나님을 향한 배고픔도, 목마름도 전혀 느끼지 못한다. 그런데도 사람들은 그에게 그 상태로 만족하라고 말하고 자족하라고 격려한다.

현대 과학자들은 경이로운 하나님의 세계 안에서 하나님을 잃어버렸다. 우리 그리스도인들은 경이로운 하나님의 말씀 안에서 하나님을 잃어버릴 위험에 처했다. 하나님은 인격이시라는 것과 그래서 우리가 여느 인격과 마찬가지로 그분과 관계를 맺을 수 있다는 사실을 거의 망각했다. 인격 안에는 다른 인격을 알 수 있는 능력이 내재되어 있지만, 한 번의 만남으로 다른 인격을 완전히 파악할 수는 없다. 두 인격이 사랑하는 마음으로 오래 교류한 후에야 둘이 서로를 제대로 탐구할 온전한 가능성이 열린다.

사람들 사이의 모든 사회적 교류는 인격과 인격 간의 상호 반응이고, 여기에는 아주 우발적인 접촉에서 인간 영혼이 이룰 수 있는 가장 온전하고 친밀한 교제까지 여러 등급이 있다. 진실한 종교의 본질은 '창조하는 인격'이신 하나님께 '창조된 인격'이 반응하는 것이다. "영생은 곧 유일하신 참하나님과 그가 보내신 자 예수 그리스도를 아는 것"이다(요 17:3).

하나님은 인격이시고, 깊고 능하신 신성 안에서 다른 여느 인격처럼 생각하시고 뜻하시고 즐기시고 느끼시고 사랑하시고 원하시고 고통받으신다. 하나님은 우리에게 자신을 알리실 때 인격 간의 친숙한 패턴을 따르신다. 그분은 우리의 지성과 의지와 감정의 경로를 통해 소통하신다. 하나님과 구원받은 영혼 사이에서 끊임없이 자연스럽게 오가는 사랑과 생각이야말로 신약성경에서 울려 퍼지는 기독교 신앙의 핵심이다.

하나님과 영혼 사이의 교류는 개인의 인식과 의식 차원에서 알 수 있다. 그것은 개인적인 일이다. 그 교류는 신자들의 공동체를 통해 알려지지 않고, 공동체를 구성하는 개인들이 먼저 알게 되고 그들을 통해 공동체도 알게 되는 것이다. 그리고 그 교류는 의식적으로 이루어진다. 즉 의식의 수면 아래에 머문 채 영혼이 알지 못하게(이를테면 어떤 사람들이 생각하는 유아세례의 작용 방식처럼) 작용하는 것이 아니라, 사람이 다른 여느 경험적 사실을 아는 것처럼 '알' 수 있는 의식의 영역 안에서 일어난다.

(죄를 제외하고) 우리는 크신 하나님의 모습을 작은 규모로 닮았다. 우리는 하나님의 형상을 따라 지어졌기에 그분을 알 가능성을 품고 있다. 다만 우리의 죄가 그 능력을 빼앗고 있을 뿐이다. 성령이 우리를 거듭나게 해 살려 내시는 순간, 우리의 전 존재는 하나님과 가족 됨을 느끼고 인정하며 기뻐 뛰놀게 된다. 그렇게 하늘로부터 태어나지 않으면 우리는 하나님 나라를 볼 수 없다. 하지만 그것은 끝이 아니라 시작이다. 그때부터 마음이 하나님의 무한한 부요하심을 좇는 행복한 탐구와 영광스러운 추구가 시작되기 때문이다. 이 지점이 우리의 출발점이라는 것은 분명하지만 종착점이 어디인지는 아직 아무도 발견하지 못했다. 삼위일체 하나님의

놀랍고 깊은 신비는 한계도, 끝도 없기 때문이다.

> 끝없이 펼쳐진 대양이시여, 누가 주님의 수심을 잴 수 있나이까?
> 주님의 영원이 주님을 둘러쌌나이다.
> 존엄하신 하나님이시여!

하나님을 발견한 뒤에도 여전히 그분을 추구하는 것은 영혼이 맛보는 사랑의 역설이다. 너무 쉽게 만족하는 종교인은 이 역설을 비웃지만, 불타는 마음을 가진 하나님의 자녀들은 행복한 경험을 통해 이 역설의 정당성을 확인한다. 성 베르나르는 이 거룩한 역설을 사행시로 표현했는데, 예배하는 영혼이라면 이를 금세 알아차릴 것이다.

> 오, 살아 있는 떡(빵)이시여, 우리가 주님을 맛보나
> 여전히 주님을 맘껏 먹기 원하나이다.
> 생수의 근원이시여, 우리가 주님을 마시나
> 목마른 우리 영혼은 주님으로 채워지기를 바라나이다.

과거의 거룩한 남녀들의 삶을 살펴보면 하나님을 뜨겁게 갈망하는 열기를 금세 느끼게 될 것이다. 그들은 하나님을 바라며 한탄했고, 때를 얻든지 못 얻든지 밤낮으로 기도하고 씨름하고 하나

하나님을 발견한 뒤에도
여전히 그분을 추구하는 것은
영혼이 맛보는 사랑의 역설이다.
너무 쉽게 만족하는 종교인은 이 역설을 비웃지만,
불타는 마음을 가진 하나님의 자녀들은
행복한 경험을 통해
이 역설의 정당성을 확인한다.

님을 추구했다. 그리하여 하나님을 찾으면, 오랜 추구 끝에 찾은 데서 오는 기쁨이 더욱 달콤했다. 모세는 자신이 하나님을 안다는 사실을 그분을 더 알게 해 달라는 간구의 근거로 사용했다. "내가 참으로 주의 목전에 은총을 입었사오면 원하건대 주의 길을 내게 보이사 내게 주를 알리시고 나로 주의 목전에 은총을 입게 하〔소서〕"(출 33:13). 그리고 거기서 더 나아가 대담하게 요청한다. "원하건대 주의 영광을 내게 보이소서." 하나님은 이런 열정의 표현을 드러내 놓고 기뻐하셨고, 다음 날 모세를 산으로 부르고 그 앞으로 존엄하게 임하시어 그분의 모든 영광이 모세 앞을 지나가게 하셨다.

다윗의 생애는 영적 갈망이 거세게 흐르는 급류와 같았고 그의 시편에는 추구자의 외침과 발견자의 기쁨에 찬 탄성이 울려 퍼진다. 바울은 그리스도를 향한 불타는 열망이 그의 삶의 원동력이라고 고백했다. '그리스도를 알고자' 하는 것이 그의 마음의 목표였고(빌 3:10), 그 일을 위해 모든 것을 희생했다. "또한 모든 것을 해로 여김은 내 주 그리스도 예수를 아는 지식이 가장 고상하기 때문이라 내가 그를 위하여 모든 것을 잃어버리고 배설물로 여김은 그리스도를 얻고〔자 함이라〕"(빌 3:8).

찬송가에도 하나님을 향한 갈망이 넘쳐흐른다. 〔찬송을 작사한〕 시인은 하나님을 추구하면서도 자신이 이미 그분을 발견했음을 알았다. "그분의 행적 보네, 나 그 행적 따르겠네." 우리 선조들은 불과 한 세대 전에 이렇게 노래했는데, 이제 이 찬양은 큰 집회에서 더는 들리지 않는다. 이 어두운 시기에 우리는 하나님을 추구하는 일을 〔성경〕 교사들에게만 맡겨 버렸으니 이 얼마나 슬픈 일인가. 그리스도를 '영접하는'(그런데 이 표현은 성경에 나오지 않는다) 신자의 첫 행위에 모든 초점이 맞춰져 있고, 그 후에는 아무도 그 영혼이 하나님의 계시를 갈망할 것을 기대하지 않는다. 하나님을 발견했으면 더는 그분을 추구할 필요가 없다고 주장하는 거짓된 논리의 덫에 걸려든 것이다.

이런 입장이 정통 신학의 최종 결론으로 우리 앞에 놓여 있고, 성경을 배운 그리스도인이라면 다 그렇게 믿는 것이 당연시되고 있다. 하나님에 대한 지속적인 갈망을 담아 그분을 예배하고 추구하고 찬양하던 교회의 증언은 보란 듯이 통째로 무시된다. 신앙의 향기를 풍기는 일단의 귀한 성도들의 경험을 바탕으로 한 마음의 신학이 거부되고, 아우구스티누스, 새뮤얼 러더퍼드, 데이비드 브레이너드 같은 신앙인들이 분명히 이상히 여겼을 안일한 성경 해석이 그 자리를 차지했다.

이런 심각한 냉기 한복판에도 이 얄팍한 논리에 만족하지 않는 사람들이 있음을 밝히게 되어 기쁘다. 그들은 이 주장이 가진 힘을 인정하더라도, 눈물을 머금고 돌아서서 아무도 없는 곳을 찾아가 "오, 하나님, 주의 영광을 내게 보이소서"라고 기도한다. 그들은 경이로우신 하나님을 맛보고 마음으로 만지고 내면의 눈으로 보고 싶어 한다.

나는 하나님을 향한 이 강력한 갈망을 격려하고 싶다. 이 갈망이 없어서 우리가 지금 같은 수준에 이르렀다. 이 거룩한 열망이 없어서 신앙생활이 뻣뻣하게 경직된다. 이만하면 됐다는 자세는 모든 영적 성장의 치명적인 적이다. 통렬한 갈망 없이 그리스도께서 그분의 백성에게 나타나시는 일은 없을 것이다. 그리스도께서는 백성들이 그분을 원하기를 기다리신다. 그분이 그리도 오래 기다리셨건만, 참으로 안타깝게도 많은 이들은 그분의 기나긴 기다림을 허사로 만들었다.

시대마다 나름의 특징이 있다. 그리고 지금은 종교적 복잡성의 시대다. 우리 가운데서는 그리스도 안에 있는 단순성을 찾아보기 힘들다. 단순성이 있던 자리에 프로그램, 방법, 조직이 들어가 우리의 시간과 관심을 차지하지만 마음의 갈망은 결코 채우지 못한다. 우리의 얄팍한 내적 경험, 공허한 예배, 세상을 비굴하게 모방한 홍보술 등은 오늘날 우리가 하나님을 불완전하게만 알고 그분의 평화는 거의 모른다는 사실을 증언한다.

온갖 종교적 외형 사이에서 하나님을 찾으려면 먼저 그분을 찾겠다고 결심해야 하고, 그다음엔 단순함의 길로 나아가야 한다. 언제나 그렇듯 하나님은 지금도 '어린아이들'에게 자신을 알리시고 지혜롭고 똑똑한 자들에게 자신을 철저히 숨기신다. 우리는 하나님께 단순하게 나아가야 한다. 본질적인 것들을 제외한 모든 것을 벗어 버려야 한다(다행히도, 알고 보면 본질적인 것은 몇 가지에 불과할 것

25

이다). 좋은 인상을 남기려는 모든 시도를 버리고 어린아이의 거짓 없는 솔직함으로 나아가야 한다. 그렇게 한다면 하나님이 분명 **빠**르게 응답하실 것이다.

신앙의 본질로 돌아가고자 하면, 하나님 외에는 달리 필요한 게 거의 없다. '하나님 그리고 더'를 추구하는 악한 습관은 온전한 계시 가운데 하나님을 발견하지 못하게 막는 지독한 방해물이다. '그리고 더'에 우리의 큰 재앙이 있다. '그리고 더'를 치워 버린다면 우리는 금세 하나님을 찾게 될 테고, 남몰래 평생 갈망한 것을 그분 안에서 발견하게 될 것이다.

하나님을 추구할 때 우리 삶이 좁아지거나 마음의 벅찬 움직임이 제한될지 모른다고 두려워할 것 없다. 현실은 그와 정반대다. 하나님을 우리의 전부로 삼고, 그분께 집중하고, 그 한 분을 위해 많은 걸 희생해도 아무 지장이 없다.

영국의 진기한 고전 *The Cloud of Unknowing*(무지의 구름)의 저자는 그 방법을 가르쳐 준다. "사랑의 겸손한 추진력으로 그대의 마음을 하나님께 들어 올리십시오. 하나님이 주시는 좋은 것이 아니라, 하나님께 말입니다. 하나님 외의 다른 것은 생각하지 않도록 하십시오. 하나님 외의 그 어떤 것도 그대의 지성이나 의지에 작용하지 않도록 말입니다. 이것이 하나님을 가장 기쁘시게 하는 영혼의 일입니다."

그는 기도할 때 모든 것을, 심지어 우리의 신학까지 다 벗어

이만하면 됐다는 자세는
모든 영적 성장의 치명적인 적이다.
통렬한 갈망 없이
그리스도께서 그분의 백성에게 나타나시는 일은
없을 것이다.

그리스도께서는 백성들이 그분을 원하기를 기다리신다.
그분이 그리도 오래 기다리셨건만,
참으로 안타깝게도 많은 이들은
그분의 기나긴 기다림을 허사로 만들었다.

버리라고 다시금 권한다. "하나님 외의 다른 어떤 동기도 없이, 그분을 직접적으로 꾸밈없이 추구하는 것으로 충분합니다." 그의 이런 생각 아래에는 신약성경의 진리라는 광대한 기초가 있다. 그가 말하는 하나님은 "우리를 지으시고 값 주고 사시고 은혜로 불러 주신" 하나님이다. 그리고 그는 단순함에 찬성한다.

그는 종교를 "한 단어로 정리하여 표현"하려고 한다면 "더 나은 내용 파악을 위해 짧은 한 음절 단어를 택하라"고 권한다. "두 음절보다 한 음절 단어가 낫습니다. 짧은 단어일수록 성령의 일에 더 부합하기 때문입니다. [영어로] 'GOD'(하나님)이나 'LOVE'(사랑)가 바로 그런 단어입니다."

주님이 가나안 땅을 이스라엘 지파들에게 나눠 주셨을 때, 레위 지파는 그 땅의 어떤 부분도 받지 않았다. 하나님은 레위 자손에게 이렇게 말씀하셨다. "이스라엘 자손 가운데서 네가 받은 몫, 네가 차지할 유산은 바로 나다"(민 18:20, 새번역). 이 말씀으로 하나님은 레위를 그의 모든 형제보다 부유하게 하셨고, 세상에 살았던 그 어떤 왕과 군주보다도 더 부유하게 하셨다. 여기에 영적 원리가 있고, 이 원리는 지존하신 하나님의 모든 제사장에게 여전히 유효하다.

하나님을 자신의 보물로 여기는 사람은 그분 안에서 모든 것을 가진다. 많은 평범한 보물들은 갖지 못할 수도 있다. 평범한 보물을 갖는 게 허락된다 해도, 그것들을 좋아하는 마음이 크게 누그러진 터라 그의 행복에 꼭 필요하지는 않을 것이다. 그런 보물들이 차례로 그를 떠나가는 상황에 처한다 해도, 그는 상실감을 별로 느끼지 못할 것이다. 모든 것의 근원이신 분을 소유한 그는 그분 안에서 모든 만족, 모든 쾌락, 모든 기쁨을 누리기 때문이다. 그가 무엇을 잃는다 해도 실제로는 아무것도 잃지 않는다. 그분 안에서 모든 것을 가졌고 모든 것을 온전히, 합법적으로, 영원히 소유하기 때문이다.

오, 하나님, 저는 주님의 선하심을 맛보았습니다.
주님의 선하심에 만족했고
더 많은 선하심을 갈망하게 됐습니다.
제게 더 깊은 은혜가 필요함을
아플 만큼 크게 느낍니다.

부끄럽게도 저는 열망이 부족합니다.
오, 하나님, 삼위일체 하나님,
제가 주님을 원하기를 원합니다.
갈망으로 충만하기를 간절히 바랍니다.
더욱 목마르게 되기를 애타게 열망합니다.
제게 주님의 영광을 보이소서.

기도하오니 주님을 참으로 알게 하소서.

자비를 베푸사

제 안에 새로운 사랑의 역사를 시작하소서.

제 영혼을 향해 "나의 사랑, 내 어여쁜 자야

일어나서 함께 가자" 하고 말씀하소서(아 2:10).

그리고 제가 너무나 오랫동안 배회했던

이 안개 낀 저지대에서 일어나

주님을 따라 올라갈 수 있도록 은혜를 주소서.

예수님의 이름으로 기도합니다. 아멘.

CHAPTER 2

질기고 해묵은
마음속 탐욕꾼을 처단하다

✦ 생사를 가르는 소유욕의 시험

심령이 가난한 자는 복이 있나니
천국이 그들의 것임이요.
마태복음 5장 3절

주 하나님은 땅에 인간을 만드시기 전, 그들이 존속하고 즐길 수 있도록 유용하고 좋은 것들의 세계를 먼저 창조하심으로 그들을 맞이할 준비를 하셨다. 창세기의 창조 기사에서는 그 모두를 '사물'(things)['온갖 것들', '다른 것들'로도 옮겼다-옮긴이]이라고 부른다. 그것들은 인간의 필요를 위해 만들어졌지만, 언제나 인간에게 외적이고 부차적인 것이어야 했다. 인간의 마음 깊은 곳에는 하나님 외의 그 무엇도, 그 누구도 들어갈 자격이 없는 성소가 있었다. 인간 안에는 하나님이 계셨고, 밖에는 하나님이 인간에게 퍼부어 주신 수천 가지 선물이 있었다.

그러나 인간이 죄를 지으면서 여러 문제가 생겼고, 하나님의 선물들이 도리어 우리 영혼을 망칠 수 있는 잠재적 근원이 되어 버렸다.

인간이 하나님을 마음의 성소에서 몰아내고 그 자리에 '온갖 것들'을 허용하면서 우리의 불행이 시작됐다. 인간의 마음 안에서 '다른 것들'이 권좌를 차지했다. 이제 사람들은 본성상 마음에 평화가 없는 상태가 됐다. 하나님이 마음의 왕좌에 좌정해 계시지 않고, 그곳의 도덕적 어스름 속에서 완고하고 공격적인 왕위 찬탈자들이 왕좌에 오르려고 서로 싸우기 때문이다.

이는 그저 은유가 아니라, 우리가 처한 진정한 영적 곤경에 대한 정확한 분석이다. 인간의 마음속에는 거칠고 질긴 뿌리를 가진 타락한 생명이 자리 잡고 있고 그 본성은 소유하는 것, 언제나 소유하는 것이다. 그 본성은 깊고 치열한 열정으로 온갖 것들을 탐낸다. "my"(나의), "mine"(나의 것) 같은 대명사들은 글로 써 놓으면 무난해 보이지만, 이 대명사들을 끊임없이 어디서나 사용하는 건 의미심장한 일이다. 이는 옛 아담에 속한 인간의 진정한 본질을 1,000권의 신학 서적보다 더 잘 드러내 준다. 우리가 앓고 있는 심각한 질병을 보여 주는 언어적 징후다.

우리 마음의 뿌리들이 온갖 것들로 깊숙이 파고들어 갔고, 우리는 죽기라도 할까 봐 잔뿌리 하나도 감히 뽑지 못한다. 우리에겐 온갖 것이 기어코 필요하게 됐고, 이는 하나님이 의도하신 적이 없는 상황이다. 하나님이 주신 선물들이 이제 그분의 자리를 대신하고 있고, 이 극악한 교환으로 자연의 과정 전체가 뒤틀렸다.

우리 주님은 온갖 것들이 인간을 압제하는 이런 상황을 두고 제자들에게 이렇게 말씀하셨다. "누구든지 나를 따라오려거든 자기를 부인하고 자기 십자가를 지고 나를 따를 것이니라 누구든지 제 목숨을 구원하고자 하면 잃을 것이요 누구든지 나를 위하여 제 목숨을 잃으면 찾으리라"(마 16:24-25).

이 진리를 더 잘 이해할 수 있도록 잘게 쪼개 보자. 각 사람 안에는 위험을 무릅쓰고 용인하는 원수가 하나씩 있는 것 같다. 예수님은 그것을 "목숨"(life)과 "자기"(self)라고 부르셨다. 우리 식으로 말하면 "자기중심적 삶"(self-life)이다. 그것의 주된 특성은 소유욕이다. "얻다"와 "유익" 같은 단어들이 이를 말해 준다.[2] 이 원수를 살려 두면 결국 모든 것을 잃는다. 이를 부인하고 그리스도를 위해 전부 포기하면 결국 아무것도 잃지 않고 모든 것을 보존하며 영생에 이른다. "자기 십자가를 지고 나를 따를 것이니라"에는 이 원수를 죽일 수 있는 단 하나의 효과적인 방법이 십자가라는 암시도 담겨 있는 것 같다.

하나님을 더 깊이 아는 길은 '영혼의 가난'과 '모든 것을 포기함'이라는 외로운 골짜기로 이어져 있다. 하나님 나라를 소유하는 복 있는 사람들은 모든 외적인 것들을 부인하고 마음에서 소유욕을 모두 뿌리 뽑은 이들이다. "심령이 가난한" 이들이다. 그들의 내면은 예루살렘 거리에서 흔히 볼 수 있었던 거지의 외양과 비슷하다. 그리스도께서 쓰신 "가난한"이라는 단어가 바로 이런 의미다. 복받은 이 가난한 사람들은 더는 온갖 것들의 압제에 시달리는 노예가 아니다. 이들은 압제자의 멍에를 끊었다. 싸움이 아니라 순복함으로써 그 일을 이루었다. 이들은 모든 소유욕에서 벗어났지만 모든 것을 소유한다. "천국이 그들의 것"이다(마 5:3).

나는 독자에게 이 사실을 진지하게 받아들이라고 권하고 싶

하나님을 더 깊이 아는 길은
'영혼의 가난'과 '모든 것을 포기함'이라는
외로운 골짜기로 이어져 있다.
하나님 나라를 소유하는 복 있는 사람들은
모든 외적인 것들을 부인하고
마음에서 소유욕을 모두 뿌리 뽑은 이들이다.
"심령이 가난한" 이들이다.

이들은 압제자의 멍에를 끊었다.
싸움이 아니라 순복함으로써 그 일을 이루었다.
이들은 모든 소유욕에서 벗어났지만
모든 것을 소유한다.
"천국이 그들의 것"이다.

다. 이를 전혀 활용하지 않는 다른 많은 교리와 함께 머릿속에만
쟁여 둘 성경의 가르침 정도로 이해해서는 안 된다. 이는 더 푸른
초원으로 가는 길, 하나님의 산의 가파른 경사를 깎아 만든 길로
안내하는 표지물이다. 하나님을 향한 거룩한 추구를 이어 가려면
이 길을 감히 건너뛰려 해서는 안 된다. 한 번에 한 걸음씩 올라야
한다. 한 걸음을 거부하면 우리의 전진은 끝나고 만다.

자주 그렇듯이, 신약성경에 나오는 이 영적 삶의 원리의 최고
사례를 구약성경에서 볼 수 있다. 아브라함과 이삭 이야기는 하나
님께 항복한 삶을 보여 주는 극적인 그림이며 팔복의 첫 번째 복에
대한 탁월한 주석이다.

아들 이삭이 태어났을 때 아브라함은 할아버지가 되고도 남
을 만큼 나이가 많았다. 아이는 즉시 아버지 마음의 기쁨과 우상
이 됐다. 몸을 굽혀 아이의 작은 몸을 어색하게 품에 안았던 순간
부터 아브라함은 아들을 향한 열렬한 사랑의 노예가 됐다. 하나님
은 이 애정의 강력한 힘을 일부러 언급하셨다. 왜 그러셨는지 이해
하기는 그리 어렵지 않다. 그 아기는 하나님의 약속, 언약, 여러 해
동안 품은 소망과 메시아를 기대하는 오랜 꿈까지, 아버지 아브라
함의 마음에 있던 신성한 모든 것을 상징했다. 아기였던 아들이 청
년으로 자라는 것을 지켜보면서 노인의 마음은 아들의 삶과 점점
더 긴밀하게 결합됐다. 그리고 결국 두 사람의 관계는 아주 위험한
지경까지 다다랐다. 바로 그때, 이 정화되지 않은 사랑의 결과에서

아버지와 아들을 구해 내시고자 하나님이 개입하셨다.

하나님이 아브라함에게 말씀하셨다. "네 아들 네 사랑하는 독자 이삭을 데리고 모리아 땅으로 가서 내가 네게 일러 준 한 산 거기서 그를 번제로 드리라"(창 22:2). 성경 기자는 그날 밤 이 노인이 하나님과 결판을 내고자 브엘세바 인근 산등성이에서 고뇌했던 장면을 자세히 소개하지 않지만, 조심스럽게 상상력을 발휘해 보면 별빛 아래 구부린 몸과 홀로 몸을 떨며 씨름하는 노인의 모습을 두려운 마음으로 떠올릴 수 있을 것이다.

아브라함보다 더 크신 분이 겟세마네 동산에서 씨름하시기 전까지는, 이만한 치명적 고통을 겪은 인간은 아마 없을 것이다. 이 노인으로서는 자신이 죽는 게 차라리 나았으리라. 그것이 아들을 죽이는 일보다 1,000배는 쉬웠을 것이다. 그는 이미 나이가 많았고, 하나님과 그토록 오랫동안 동행했던 사람에게 죽음은 그리 대단한 시련이 아니었을 것이다. 게다가, 흐려지는 그의 눈에 담기는 건장한 아들의 모습은 마지막 순간에 달콤한 즐거움을 안겨 주었을 것이다. 아들은 살아남아 아브라함의 계보를 이어 갈 테고 갈대아인의 우르에서 오래전에 하나님이 하신 약속들을 직접 성취하게 될 터였으니까.

그런 젊은 아들을 어떻게 죽인단 말인가! 상처 입고 저항하는 마음은 어찌어찌 꺾어 순복시킨다 해도, "이삭에게서 나는 자라야 네 씨라 부를 것임이니라"라는 하나님의 약속을 아들을 죽이는 행위와 어떻게 조화시킨단 말인가?(창 21:12) 이는 아브라함에게 불같은 시험이었다. 그러나 그는 호된 시련의 도가니에서 쓰러지지 않았다. 이삭이 누워 잠자는 천막 바로 위에서 별들이 아직 하얀 점들처럼 또렷하게 빛나고 있을 때, 어스레한 여명이 동쪽을 밝게 비추기 한참 전, 늙은 성자는 마음을 정했다. 하나님이 지시하신 대로 아들을 바치고, 하나님이 아들을 죽은 사람 가운데서 부활시키실 것을 신뢰하기로 한 것이다.

히브리서 기자는 이것이 아브라함의 아픈 마음이 어두운 밤 어느 시점에 발견한 해결책이었다고 진술한다. 그리고 그는 계획을 수행하기 위해 "아침 일찍" 일어났다. 아브라함이 하나님의 방법을 잘 이해하지는 못했어도 그분의 크신 마음의 비밀을 올바르게 감지했음을 알아보는 건 아름다운 일이다. 그리고 이 해결책은 "누구든지 나를 위하여 제 목숨을 잃으면 찾으리라"라는 신약성경 말씀에 부합한다(마 16:25).

하나님은 이 고통받는 노인이 돌이킬 수 없는 지점 직전까지 가도록 허락하셨다가 마침내 소년에게 손을 대지 말라고 말씀하셨다. 그리고 나서 의아해하는 족장 아브라함에게 이런 취지로 말씀하신다. "이제 됐다, 아브라함아. 나는 네가 실제로 네 아들을 죽이게 할 의도가 없었다. 네 마음의 성전에서 아이를 끌어내고 그곳에서 거침없이 다스리고 싶었을 뿐이다. 네 사랑의 왜곡된 부분을 바로잡고 싶었다. 이제 아들을 온전한 상태로 받으라. 아들을 데리고 천막으로 돌아가라. 네가 이렇게 네 아들, 외아들까지 내게 아끼지 않았으니, 이제 네가 하나님을 경외하는 줄을 알겠다."

그다음 하늘이 열리고 이런 목소리가 들려왔다. "내가 나를 가리켜 맹세하노니 네가 이같이 행하여 네 아들 네 독자도 아끼지 아니하였은즉 내가 네게 큰 복을 주고 네 씨가 크게 번성하여 하늘의 별과 같고 바닷가의 모래와 같게 하리니 네 씨가 그 대적의 성문을 차지하리라 또 네 씨로 말미암아 천하 만민이 복을 받으리니 이는 네가 나의 말을 준행하였음이니라"(창 22:16-18).

이 노령의 하나님의 사람은 고개를 들어 그 음성에 반응했고, 강하고 순수하고 당당한 모습으로 거기 서 있었다. 그는 주님이 따로 구별하여 특별히 대우하신 사람, 지존자의 친구이자 친히 아끼시는 존재였다. 그리고 이제 그는 하나님께 온전히 자기를 맡긴 사람, 철저히 순종하는 사람, 아무것도 소유하지 않은 사람이 됐다. 그가 아들에게 쏟아부었던 모든 것을 하나님이 받으신 것이다.

하나님은 아브라함의 삶의 주변부에서 시작하여 중심부로 들어가실 수도 있었을 것이다. 하지만 하나님은 핵심부로 신속하게 파고들어 한 번의 날카로운 분리 조치로 그의 마음을 차지하는 편을 선택하셨다. 하나님은 아브라함을 그렇게 다루심으로 수단과 시간을 아끼셨다. 그 방법은 잔인할 만큼 아팠지만 효과가 있었다.

나는 아브라함이 아무것도 소유하지 않았다고 말했다. 하지만 이 가엾은 사람은 부자가 아니었던가? 그는 이전에 소유했던 전부를 여전히 그의 것으로 누릴 수 있었다. 양, 낙타, 소, 온갖 물자들이 그러했다. 아내와 친구들이 있었고, 무엇보다 아들 이삭이 안전하게 곁에 있었다. 그에겐 모든 게 있었지만 그는 아무것도 소유하지 않았다. 여기에 영적 비밀이 있다. 포기의 학교에서만 배울 수 있는 달콤한 마음의 신학이 있다. 조직신학 서적들은 이를 간과하지만 지혜로운 사람들은 이해할 것이다.

그 쓰리고 복된 경험 이후, "my"(나의), "mine"(나의 것)이라는 표현은 아브라함에게 전혀 다른 의미를 갖게 됐을 것이다. 그 표현들이 함축하는 소유욕은 그의 마음에서 사라졌다. 온갖 것들이 마음에서 영원히 쫓겨났다. 그것들은 이제 외적인 것이 됐다. 아브라함의 마음속에 더는 그것들이 없었다. 세상 사람들이 "아브라함은 부자"라고 말하면 노령의 족장 아브라함은 그냥 웃을 뿐이었다. 그들에게 설명할 수 없었지만 그는 알았다. 자신은 아무것도 소유하지 않는다는 것과 자신의 진정한 보화는 내적이고 영원하다는 것을.

온갖 것을 소유하려는 집착은 우리 삶에서 대단히 해로운 습관임이 분명하다. 소유욕은 너무나 자연스럽게 느껴지기에 그 해악을 알아채기가 어렵지만 그 결과는 비극적이다.

종종 우리는 우리 보물의 안전을 우려하며 주님께 내놓지 못한다. 그 보물이 사랑하는 가족과 친구일 경우 특히 그렇다. 그러나 그런 우려는 불필요하다. 우리 주님은 멸망시키러 오신 것이 아니요, 구원하러 오셨다. 모든 것은 하나님께 맡길 때 비로소 안전하다. 그분께 맡기지 않은 것은 그 무엇도 결코 안전하지 않다.

우리의 은사와 재능도 하나님께 넘겨드려야 한다. 그것들의 실체는 하나님이 빌려주신 것들임을 인식해야 하며, 어떤 의미에서도 우리 것으로 여겨서는 안 된다. 파란 눈이나 강한 근육을 자랑할 수 없는 것처럼 특별한 재능도 자랑해선 안 된다. "누가 너를 남달리 구별하였느냐 네게 있는 것 중에 받지 아니한 것이 무엇이냐"(고전 4:7).

자신에 관해 조금이라도 알 만큼 살아 있는 그리스도인이라면 소유욕이라는 질병의 징후를 인식할 테고, 자신의 마음에서 그런 징후를 발견하면 슬퍼할 것이다. 하나님을 향한 그의 갈망이 충분히 강하다면 그 문제에 대해 뭔가 조치를 취하려 할 것이다. 그렇다면 그는 무엇을 해야 할까?

무엇보다 모든 자기변호를 내려놓아야 하고 스스로를 평가할 때나 주님 앞에 나아갈 때 변명하려 들지 말아야 한다. 누구든 자기를 변호하고 나서면 자신을 변호해 줄 이가 자기밖에 없을 것이다. 그러나 자기변호 없이 주님 앞에 나아가면 다름 아닌 하나님이 그를 변호해 주실 것이다. 주님을 추구하는 그리스도인은 거짓된 자기 마음의 모든 교활한 속임수를 짓밟고 주님과의 솔직하고 열린 관계를 지켜 가야 한다.

종종 우리는 우리 보물의 안전을 우려하며

주님께 내놓지 못한다.

그 보물이 사랑하는 가족과 친구일 경우 특히 그렇다.

그러나 그런 우려는 불필요하다.

우리 주님은 멸망시키러 오신 것이 아니요,

구원하러 오셨다.

모든 것은 하나님께 맡길 때 비로소 안전하다.

그분께 맡기지 않은 것은

그 무엇도 결코 안전하지 않다.

그리고 그는 그것이 거룩한 일임을 기억해야 한다. 부주의하고 무성의한 태도로는 부족하다. 하나님의 말씀을 듣고야 말겠다는 굳은 각오로 그분 앞에 나아가야 한다. 하나님께 내 전부를 받으시고, 내 마음에서 다른 것들을 몰아내시고, 거기서 친히 능력으로 다스려 달라고 호소해야 한다. 문제가 되는 일들과 사람들을 구체적으로 하나하나 거명해야 할 수도 있다. 그가 근본적인 조치를 충분히 과감하게 취한다면, 산고의 시간은 수년에서 단 몇 분으로 단축될 것이고, 자신의 감정을 애지중지하고 한사코 조심스럽게 하나님을 상대하느라 느린 형제들보다 훨씬 빨리 좋은 땅에 들어갈 것이다.

이 같은 진실은 자연과학의 사실들처럼 암기한다고 배울 수 있는 게 아님을 잊어서는 안 된다. 경험해야만 제대로 알 수 있다. 아브라함의 혹독하고 쓰라린 경험을 마음으로 겪어야만 그로 인한 복된 상태를 알 수 있다. 오래된 저주는 고통 없이 사라지지 않을 것이다. 우리 안의 질기고 오래 묵은 탐욕꾼은 우리 명령에 따라 순순히 쓰러져 죽지 않을 것이다.

땅에서 무를 뽑듯 마음에서 뽑아내야 한다. 턱에서 이를 뽑아낼 때처럼 아프고 피가 나도 감수해야 한다. 그리스도께서 성전에서 환전상들을 쫓아내셨듯이 우리 영혼에서 그놈을 완력으로 몰아내야 한다. 아무리 처량하게 애원해도 마음을 독하게 먹고 그놈이 인간 마음의 대단히 부끄러운 죄이며 자기 연민의 산물임을 인정해야 한다.

정말로 하나님을 점점 더 친밀하게 알고자 한다면 이 포기의 길로 가야 한다. 우리가 하나님을 추구하고자 굳게 마음먹으면 그분은 조만간 우리에게 이 시험을 거치게 하실 것이다. 아브라함은 당시에 자신이 시험받고 있음을 알아보지 못했지만, 만약 그가 선택한 것과 다른 길을 갔더라면 구약성경의 역사 전체가 달라졌을 것이다. 물론 하나님은 그분의 사람을 찾아내셨겠지만, 아브라함으로선 이루 말할 수 없는 비극적인 손실을 입었을 것이다.

언제일지는 절대 알 수 없겠지만, 우리는 차례로 시험을 받게 될 것이다. 그 시험의 자리에서는 많은 선택지가 주어지지 않을 것이다. 우리는 둘 중 하나를 택하게 될 것이고, 그 선택으로 우리의 미래 전체가 결정될 것이다.

아버지, 아버지를 알고 싶습니다.
하지만 겁 많은 제 마음은
(애지중지하는) 장난감들을 포기하기가 두렵습니다.
내면의 피 흘림 없이는
그것들과 작별할 수가 없습니다.
그 작별이 두렵다는 것을
주님께 감추지 않겠습니다.

떨리지만 주님 앞에 나옵니다.
너무나 오래도록 소중히 간직해서
살아 있는 제 자아의 일부가 되어 버린 온갖 것들을
제 마음에서 뽑아내 주소서.

그리하여 주님이 제 마음에 들어오시고
거기서 홀로 거하소서.

주님의 발이 거하시는 그곳을 영광스럽게 하소서.
그러면 제 마음은 내부를 비출 해가 필요 없을 것입니다.
주님이 제 마음의 빛이 되실 테고,
거기엔 밤이 없을 것이기 때문이지요.
예수님의 이름으로 기도합니다. 아멘.

CHAPTER 3

자아의 죽음을 뚫고
마침내 임재의 빛 안에

✦ '나'라는 휘장을 찢는 단 하나의 길

그러므로 형제들아
우리가 예수의 피를 힘입어
성소에 들어갈 담력을 얻었나니.
히브리서 10장 19절

교부들이 남긴 여러 유명한 말 중에서도 아우구스티누스가 한 말은 가장 널리 알려져 있다. "주님이 주님 자신을 위해 우리를 지으셨으니, 우리 마음은 당신 안에서 안식을 찾기까지 불안합니다."

아우구스티누스는 여기서 인류의 기원과 인간 내면의 역사를 몇 마디로 진술한다. 인간의 엇나간 이성이 뭐라고 말하건 간에, 사고하는 인간의 마음을 만족시키는 유일한 설명은 '하나님이 그분 자신을 위해 우리를 지으셨다'는 것이다. 어떤 사람이 잘못된 교육과 비뚤어진 추론에 이끌려 이와 다른 결론을 내린다면, 그리스도인이 그를 위해 할 수 있는 일은 별로 없다. 나 역시 그런 사람에게 전할 메시지는 없다.

내가 호소하는 대상은 하나님이 그분의 지혜로 이미 비밀리에 가르치신 사람들이다. 나는 하나님의 손길이 닿아 그분을 향한 갈망이 내면에서 깨어나 심령이 목마른 상태가 된 이들에게 말한다. 그런 사람들에겐 논리 정연한 증명이 필요하지 않다. 그들의 불안한 마음이 그들에게 필요한 모든 증명을 제공한다.

하나님은 그분 자신을 위해 우리를 지으셨다. 옛 *New-England Primer*(뉴잉글랜드 초급독본)에 나온 대로 "신학자들이 웨스트민스터 총회에서 합의한" 《소요리문답》(*Shorter Catechism*)은 '무엇'과 '왜'라는 유구한 질문을 던지고 평범한 책에서는 찾아보기 힘든 한 문장으로 그에 답한다. "질문: 사람의 제일 되는 목적이 무엇인가? 답: 사람의 제일 되는 목적은 하나님을 영화롭게 하고 그를 영원토록 즐거워하는 것이다."

이와 동일한 생각을 가진 스물네 명의 장로는 영원토록 살아 계시는 분께 엎드려 경배하고 이렇게 말한다. "우리 주 하나님이여 영광과 존귀와 권능을 받으시는 것이 합당하오니 주께서 만물을 지으신지라 만물이 주의 뜻대로 있었고 또 지으심을 받았나이다"(계 4:11).

하나님은 그분의 기쁘신 뜻대로 우리를 지으셨고, 그분과 신적 교제를 나누며 가까운 인격 사이에서 이루어지는 달콤하고 신비로운 교류를 경험할 수 있게 하셨다. 하나님은 우리가 그분을 보고 그분과 함께 살고 그분의 미소에서 생명을 얻기를 원하셨다. 그러나 우리는 존 밀턴이 사탄과 그를 추종하는 무리의 반역을 묘사하면서 거론한 것처럼 "흉악한 배반"을 저질렀다. 그리하여 우리와 하나님의 관계가 끊어졌다. 우리는 하나님께 순종하거나 사랑하지 않게 됐고 죄책감과 두려움에 사로잡혀 그분의 임재를 피해 최대한 멀리 달아났다.

하지만 "저 하늘, 저 하늘 위의 하늘이라도 주님을 모시기에 부족할 터인데"(대하 6:18; 왕상 8:27, 새번역), 또 솔로몬의 지혜서가 증언하는 것처럼 "주님의 영이 세상을 가득 채우는데" 누가 달아날 수 있겠는가? 주님의 무소부재(無所不在)는 하나님의 한 가지 특성이고 그분의 완전하심에 필요한 엄연한 사실이다. 그리고 그분의 분명한 임재는 하나님의 또 다른 특성이다. 우리는 아담처럼 그분의 임재를 피해 달아나 동산의 나무들 사이에 숨었고, 베드로처럼 움츠러들며 "주여 나를 떠나소서 나는 죄인이로소이다"라고 외쳤다(눅 5:8).

그러니까 지상의 인간은 하나님의 임재를 떠난 생명, 우리의 정당하고 합당한 거처이자 첫 번째 상태였던 '행복한 중심'에서 떨어져 나온 생명이다. 첫 번째 상태를 잃어버려서 우리는 끊임없이 불안한 것이다.

하나님의 구원 사역은 이 흉악한 배반의 비극적 결과를 원상태로 되돌리고 하나님과의 올바르고 영원한 관계를 회복시키기 위한 것이다. 그렇게 하려면 우리의 죄가 만족스럽게 처리돼야 하고, 온전한 화해가 이루어져 우리가 다시 하나님과의 의식적 교제로 되돌아가, 이전처럼 하나님의 임재 안에서 살길이 열려야 한다.

이 일을 위해 하나님은 우리 안에서 먼저 일하셔서 우리가 그분께 돌아가도록 마음을 움직이신다. 우리의 불안한 마음이 하나님의 임재를 향한 열망을 느끼고 "내가 일어나 아버지께 가[리라]"

고 내면에서 말할 때, 우리는 하나님의 일하심을 처음으로 의식하게 된다(눅 15:18). 이것이 첫걸음이며, 중국의 현인 노자가 말한 것처럼 "천 리 길도 한 걸음으로 시작된다."

구약성경의 성막은 죄의 황무지를 떠나 하나님의 임재를 누리는 상태에 이르는 영혼의 내적 여행을 아름답게 그리고 있다. 돌아온 죄인은 먼저 바깥뜰로 들어가 놋 제단 위에서 피의 제사를 드리고 그 옆에 있는 대야에서 몸을 씻었다. 그다음 휘장을 지나 성소로 들어갔다. 성소에는 자연광이 들어오지 못했지만 세상의 빛이신 예수님을 상징하는 금 촛대가 성소 안을 은은하게 두루 비추었다. 그곳에는 생명의 떡이신 예수님을 나타내는 진설병(하나님 앞에 차려 놓은 떡)과 쉬지 않는 기도의 상징인 분향단도 있었다.

예배자는 여기까지 오는 동안 아주 많은 것을 누렸지만, 여전히 하나님의 임재 안에 들어가지 못한 상태였다. 또 다른 휘장이 그와 지성소를 갈라놓고 있었다. 하나님은 지성소의 시은좌(施恩座, mercy seat)〔은혜를 베푸는 자리라는 뜻. 속죄소라고도 한다. 언약궤를 덮는 덮개-옮긴이〕 위에 경이롭고 영광스럽게 나타나셨다. 성막이 서 있는 동안, 오직 대제사장만 그 안으로 들어갈 수 있었고, 그것도 1년에 한 번, 자신의 죄와 백성의 죄를 위해 바치는 피를 가지고서만 들어갈 수 있었다. 우리 주님이 갈보리에서 숨을 거두셨을 때 바로 이 마지막 휘장이 찢어졌고, 성경 기자는 이로써 새로운 살길이 열려 세상의 모든 예배자가 하나님의 임재 안에 곧장 들어

갈 수 있게 됐다고 설명한다(히 10:20).

신약성경의 모든 내용이 구약성경의 이 그림과 일치한다. 구원받은 사람들은 이제 지성소에 들어가길 두려워하며 발을 멈출 필요가 없다. 하나님은 우리가 그분의 임재 안에 당당히 들어가 거기서 평생토록 살기를 원하신다. 우리는 이를 의식적 경험으로 깨달아야 한다. 이는 받아들여야 하는 교리에 그치는 것이 아니라, 우리가 매일 매 순간 누려야 할 삶이다.

임재의 불은 레위기 율법 질서 안에서 박동하는 심장이다. 그것이 없으면 성막의 모든 요소는 모르는 문자에 불과할 뿐, 이스라엘에게나 우리에게나 아무 의미가 없다. 성막과 관련된 가장 중요한 사실은 여호와가 그곳에 계신다는 것이었다. 임재하신 하나님이 휘장 안에서 기다리고 계셨다. 이와 비슷하게, 하나님의 임재는 기독교의 핵심 사실이다. 기독교 메시지의 핵심에는 구원받은 자녀들이 그분의 임재를 의식적으로 인식하게 되기를 기다리시는 하나님이 계신다.

지금 유행하는 기독교는 이 하나님의 임재를 이론적으로만 알 뿐 지금 그분의 임재를 누릴 수 있는 그리스도인의 특권을 강조하지 않는다. 이 기독교는 우리가 지위상 하나님의 임재 안에 있다고 가르치지만, 그 임재를 실제로 경험해야 할 필요성에 대해서는 한마디도 하지 않는다. 로버트 머리 맥체인 같은 사람들을 이끌었던 불타는 마음은 전혀 보이지 않는다. 그리고 현세대의 그리스도인은 이런 불완전한 척도를 가지고 스스로를 측정한다. 비루한 만족이 불타는 열정을 대신한다. 법적으로 소유한 것에 안주하고 만족할 뿐, 인격적 경험이 없다는 데는 대부분 신경 쓰지 않는다.

휘장 뒤에서 불로 나타나 거하시는 분이 누구인가? 다름 아닌 하나님이다. "한 분 하나님, 전능하신 아버지시다. 하늘과 땅을 창조하시고 보이는 것과 보이지 않는 것을 모두 창조하셨다." 그분은 "한 주님이신 예수 그리스도, 하나님의 독생자시다. 온 세상이 있기 전에 아버지로부터 태어나셨고 하나님으로부터 오신 하나님이시며 빛으로부터 오신 빛이시고 진정한 하나님으로부터 오신 진정한 하나님이다. 그분은 창조되지 않고 태어나셨으며 아버지와 동일한 본질을 지니셨다." 또 그분은 "성령이시다. 생명의 주인이자 생명을 주시는 분, 아버지와 아들로부터 나오시는 분, 아버지와 아들과 함께 예배와 영광을 받으시는 분"이다(니케아 신경).

하지만 이 거룩한 삼위는 한 분 하나님이다. "우리는 삼위로 계시는 한 분 하나님, 일체이신 삼위를 예배하되 위격을 합성하지 않고 실체를 분리하지도 않는다. 아버지는 한 위격이시고 아들도 한 위격이시며 성령도 한 위격이시기 때문이다. 그러나 성부와 성자와 성령의 신격은 하나이며, 그 영광은 동등하고 위엄은 함께 영원하다"(아타나시우스 신경).

휘장 뒤에 이 하나님이 계신데도 세상은 이분을 "더듬어 찾아 발견"해야 할 것처럼 느껴 왔다는 것은 이상한 모순이다(행 17:27).

하나님은 자연을 통해 자신을 어느 정도 드러내셨지만 성육신으로 더욱 완전하게 드러내셨다. 이제 하나님은 겸손한 영혼과 마음이 깨끗한 사람들에게 아낌없이 온전히 자신을 드러내기를 원하신다.

세상은 하나님에 대한 지식이 부족하여 망하고 있고, 교회는 하나님의 임재가 없어서 굶주리고 있다. 우리의 종교적 문제 대부분에 대한 즉효약은, 영적 경험을 통해 하나님의 임재 안에 들어가고, 우리가 하나님 안에 있고 하나님이 우리 안에 계심을 문득 인식하는 것일 테다. 이 경험은 우리로 처량한 편협함에서 벗어나게 하고 넓은 마음을 갖게 할 것이다. 덤불에 있던 벌레와 곰팡이를 불에 태우듯 우리 삶에서 불순함을 태워 없앨 것이다.

이 하나님, 우리 주 예수 그리스도의 아버지는 우리가 마음껏 활보할 수 있는 광활한 세계시요, 얼마든지 헤엄칠 수 있는 드넓은 바다시다. 그분은 **영원하시다.** 이 말은 시간에 앞서 계시고 시간과 전적으로 독립하여 존재하신다는 뜻이다. 시간은 하나님 안에서 시작됐고 그분 안에서 끝날 것이다. 하나님은 시간에 찬사를 보내지 않으시고, 시간으로 인해 변하지도 않으신다.

하나님은 **불변하시다.** 이 말은 그분이 지금까지 변하지 않으셨고 조금도 변하실 수 없다는 뜻이다. 변하려면 더 나은 상태였다가 그보다 못한 상태가 되거나, 더 나쁜 상태였다가 그보다 나은 상태가 되어야 할 것이다. 하나님은 어느 쪽도 하실 수 없다. 완전

우리 주 예수 그리스도의 아버지는

우리가 마음껏 활보할 수 있는 광활한 세계시요,

얼마든지 헤엄칠 수 있는 드넓은 바다시다.

그분은 영원하시다.

시간에 앞서 계시고

시간과 전적으로 독립하여 존재하신다.

시간은 하나님 안에서 시작됐고

그분 안에서 끝날 것이다.

하나님은 시간에 찬사를 보내지 않으시고,

시간으로 인해 변하지도 않으신다.

하신 하나님은 더 완전해지실 수 없고, 덜 완전해지시려면 하나님보다 못한 존재가 되셔야 할 테니 말이다.

그리고 하나님은 **전지(全知)하시다**. 이 말은 한 번의 자유롭고 수월한 행위로 모든 물질, 모든 영, 모든 관계, 모든 사건을 아신다는 뜻이다. 하나님께는 과거도 미래도 없다. 하나님은 스스로 계시며, 피조물에게 사용하는 제한하고 한정하는 수식어를 그분께 적용할 수 없다.

사랑과 **자비**와 **의**가 그분의 것이다. 어떤 비교나 비유로도 형언할 수 없는 그분의 **거룩함**을 표현할 수 없다. 불이 그나마 그 개념을 희미하게나마 전달할 수 있다. 하나님은 불붙은 가시떨기 가운데 나타나셨다. 긴 광야의 여정에서는 줄곧 불기둥에 거하셨다. 성소의 그룹(케루빔 천사) 날개 사이에서 빛났던 불은 이스라엘의 영광의 세월 내내 '셰키나', 곧 임재라고 불렸다. 그리고 구약이 신약에 자리를 내주었을 때, 하나님은 오순절에 타는 불꽃으로 오셔서 각 제자 위에 임하셨다.

스피노자는 하나님을 향한 지성적 사랑에 관해 글을 썼고, 그 말에는 어느 정도 진리가 담겨 있다. 그러나 하나님을 향한 최고의 사랑은 지성적인 것이 아니라, 영적인 사랑이다. 하나님은 영이시고 인간의 영만이 그분을 실제로 알 수 있다. 인간의 영혼 깊은 곳에서 불이 타올라야 한다. 그렇지 않다면 그의 사랑은 하나님을 향한 참된 사랑이 아니다. 하나님 나라의 위대한 사람들은 다른 사람들보다 하나님을 더 사랑했던 이들이다. 우리는 그들이 누구인지 알고 그들의 깊고 진실한 헌신에 기꺼이 찬사를 보낸다. 잠깐만 멈춰 생각해도 그들의 이름이 상아 궁전에서 흘러나오는 몰약과 알로에와 계피 향처럼 우리 곁을 우르르 스쳐 간다.

프레더릭 페이버는 어린 사슴이 시냇물을 바라듯이 하나님을 간절히 바랐다. 그 사모하는 마음을 향해 하나님이 얼마나 자신을 많이 보여 주셨는지, 이 선한 사람은 전 생애에 걸쳐 보좌 앞에 있는 스랍(세라핌 천사)에 비길 만큼 하나님을 뜨겁게 흠모하며 살았다. 하나님을 향한 그의 사랑은 삼위일체 하나님의 세 위격을 향해 똑같이 퍼져 나갔지만, 그는 각 위격에 합당한 특별한 사랑을 느꼈던 것 같다. 성부 하나님에 대해 그는 이렇게 노래한다.

앉아서 하나님만 생각하니
이 얼마나 기쁜가!
그분을 생각하고 그 이름을 호흡하니
땅에 이보다 더한 행복이 없구나.
예수님의 아버지, 사랑의 상급이시여!
주님의 보좌 앞에 엎드려
주님을 바라보고 또 바라보는 일은
얼마나 황홀할까요!

그리스도를 향한 그의 사랑은 너무나 강렬하여 그를 불살라 버릴 것만 같았다. 그 사랑이 달콤하고 거룩한 광기로 그의 내면에서 불타올라 그의 입술에서 녹은 순금처럼 흘러나왔다. 그는 설교 한 편에서 이렇게 말한다.

"하나님의 교회 안에서 어디로 몸을 돌려도 예수님이 계십니다. 그분은 우리에게 모든 것의 시작이시고 중간이시며 끝이십니다. …… 그분은 종들에게 선하지 않은 면, 거룩하지 않은 면, 아름답지 않은 면, 기쁘지 않은 면이 없습니다. 아무도 가난할 필요가 없습니다. 선택하기만 하면 예수님을 자신의 재산과 소유로 삼을 수 있기 때문입니다. 아무도 풀이 죽을 필요가 없습니다. 예수님은 천국의 기쁨이시고, 슬퍼하는 마음에 들어가시는 것을 기뻐하시니까요.

우리는 많은 것을 과장할 수 있지만, 예수님에 대한 우리의 의무가 얼마나 막중하고 우리를 향한 예수님의 사랑이 얼마나 자비롭고 풍성한지는 결코 과장할 수 없습니다. 평생 예수님에 대해 말한다 해도 그분께 드리는 사랑 고백은 결코 끝나지 않을 것입니다. 예수님이 누구신지 전부 배우거나 그분이 하신 일을 다 찬양하려면 영원도 짧을 것입니다. 그러나 그것도 문제가 되지 않습니다. 우리는 언제나 그분과 함께 있을 테니까요. 우리는 그 이상 아무것도 원하지 않습니다."

페이버는 우리 예수님을 향해 곧장 이렇게 고백한다.

주님을 너무나 사랑합니다. 이 기쁨을
어떻게 가누어야 할지 모르겠습니다.
주님의 사랑은 제 영혼 안에서
이글대는 불 같습니다.

페이버의 불타는 사랑은 성령께도 뻗어 갔다. 그는 성령이 하나님이시고 아버지 및 아들과 온전히 동등하심을 신학적으로 인정했을 뿐 아니라, 찬양과 기도로 그 사실을 끊임없이 기렸다. 그는 말 그대로 이마를 땅에 대고 신성의 제3위를 간절하고 열렬하게 예배했다. 성령께 바치는 위대한 찬송 중 한 편에서 그는 자신의 불타는 헌신을 이렇게 요약한다.

아름답고 오, 두려운 성령이시여!
우리 가없은 죄인들을 향한
성령의 더없이 다정한 사랑에
제 마음이 터질 듯합니다.

자칫 지루할 수 있는데도 이렇게 길게 인용한 것은 내가 말하고 싶은 내용, 곧 하나님은 너무나 아름다우시고 더없이 온전한 기쁨이 가득한 분이기에 아무것도 없이 그분 한 분만으로도 우리의 참으로 신비롭고 심오한 본성의 가장 깊은 요구가 넘치게 채워질

하나님은 너무나 아름다우시고
더없이 온전한 기쁨이 가득한 분이기에
아무것도 없이 그분 한 분만으로도
우리의 참으로 신비롭고 심오한 본성의
가장 깊은 요구가
넘치게 채워질 수 있다.

수 있다는 사실의 적절한 사례를 보여 주고 싶어서다.

페이버가 경험한(그는 헤아릴 수 없을 만큼 많은 이들 중 한 사람일 뿐이다) 예배는 하나님에 대한 단순한 교리적 지식에서는 결코 나올 수 없다. 하나님을 향한 사랑으로 "터질 듯한" 마음은 하나님의 임재 안에 있었다. 이는 열린 눈으로 그분의 위엄을 바라본 사람들의 마음이다. 그들은 보통 사람들이 알지도, 이해하지도 못하는 특성을 갖고 있다. 그들의 말에는 흔히 영적 권위가 있었다. 그들은 하나님의 임재 안에 있었고 거기서 본 것을 사람들에게 전했다. 그들은 서기관이 아니라 선지자였다. 서기관은 자신이 읽은 것을 말하고, 선지자는 직접 본 것을 말한다.

이는 가상의 구분이 아니다. 글로 읽은 서기관과 직접 본 선지자 사이에는 바다만큼이나 드넓은 차이가 있다. 오늘날에는 정통 신앙의 서기관들이 넘쳐 난다. 그런데 선지자들은 어디에 있을까? 서기관의 딱딱한 음성은 복음주의 전역에서 들려온다. 그러나 교회는 휘장을 뚫고 들어가 경이로우신 하나님을 내면의 눈으로 바라보는 거룩한 사람의 부드러운 음성을 기다린다. 하지만 이렇게 휘장을 뚫고 들어가는 것, 거룩한 임재를 민감하고 생생하게 경험하는 것은 하나님의 모든 자녀에게 열려 있는 특권이다.

예수님의 몸이 찢어짐으로 휘장이 치워졌기에 하나님 쪽에서 보면 우리가 성소에 들어가는 걸 막는 요소가 전혀 없다. 그런데 우리는 왜 밖에서 지체할까? 왜 일평생 지성소 바깥에서만 머물고 안으로 들어가 하나님을 바라보지 않을까? 신랑의 목소리가 들려온다. "네 얼굴을 보게 하라 네 소리를 듣게 하라 네 소리는 부드럽고 네 얼굴은 아름답구나"(아 2:14). 우리는 그 소리가 우리를 부르는 것임을 감지하면서도 여전히 가까이 다가가지 않는다. 세월은 흐르고 우리는 성막 바깥뜰에서 늙고 지쳐 간다. 무엇이 우리를 막고 있을까?

혼히 주어지는 답변인 우리의 '냉랭함'이 모든 사실을 다 설명하진 못할 것이다. 마음의 냉랭함보다 더 심각한 문제, 냉랭함 배후에 있고 그것의 원인일 수 있는 문제가 있다. 그것이 무엇일까? 그것은 바로 우리의 마음속에 있는 휘장이다. 그것은 첫 번째 휘장과 달리 치워지지 않고 여전히 그 자리에 남아서 빛이 들어오는 걸 막고 하나님의 얼굴을 가리고 있다. 우리 육신의 타락한 본성이 심판받지도, 십자가에 못 박히지도, 거부되지도 않은 채 우리 안에 그대로 살아 있다.

우리는 자기중심적 삶이라는 이 촘촘히 짠 휘장을 제대로 인정한 적이 없지만 속으로는 부끄럽게 여겨 왔고, 그런 이유로 십자가의 심판대 앞에 가져가지 않았다. 이 불투명한 휘장은 그리 이해하기 어렵지 않고 알아보기 힘들지도 않다. 그저 우리 마음속을 들여다보기만 하면 된다. 그러면 거기 있는 휘장이 보일 것이다. 그것은 깁고 덧대고 수선됐을지 몰라도 여전히 우리 삶의 원수이고 영적 성장을 심각하게 방해한다.

이 휘장은 아름다운 물건이 아니고 우리가 흔히 말하고 싶어 하는 주제도 아니지만, 나는 지금 하나님을 따르기로 결심한 목마른 영혼들을 상대로 말하고 있다. 그들이라면 하나님을 따르는 길에서 잠시 어두운 산을 통과해야 한다고 해서 돌아서지는 않을 것임을 나는 안다. 그들 안에는 하나님이 주신 마음이 있기에 분명 하나님을 계속 추구할 것이다. 그들은 아무리 불쾌한 사실이라도 직시할 것이고 자기 앞에 놓인 기쁨을 내다보며 짊어진 십자가를 견딜 것이다. 그래서 나는 우리 내면의 휘장을 짠 실들을 담대하게 거명한다.

이 휘장은 자기중심적 삶을 구성하는 가느다란 실들, 인간의 영과 직결된 죄들로 짜여 있다. 그것들은 우리가 하는 어떤 일이 아니라 우리라는 존재의 모습이고, 여기에 그 교묘함과 힘이 있다.

구체적으로 말하면 자기중심적 죄들(self-sins)은 자기 의, 자기 연민, 자기 확신, 자기 충족성, 자기 예찬, 자기애 그리고 이와 같은 다른 여러 죄다. 이 죄들은 우리 안에 너무나 깊숙이 자리 잡고 있고 우리 본성의 아주 큰 부분이기에 하나님의 빛이 집중적으로 비치기 전까지는 우리의 이목을 끌지 못한다. 이 죄들 중에서도 좀 더 심각한 경우인 이기주의, 과시욕, 자기 홍보는 흠 없는 정통 신학을 내세우는 기독교 집단 내에서도 이상하게 지도자들이 용인한다. 이 죄들이 너무나 두드러지게 나타나서 많은 사람이 복음과 동일하다고 여길 정도다. 교회의 일부 영역에서는 이런 죄들이 명백하게 인기의 필수 조건으로 보인다고 말해도 냉소적인 발언은 아닐 듯하다. 그리스도를 알리는 척하면서 자기를 홍보하는 일은 오늘날 너무 흔해서 아무런 관심거리도 안 될 정도다.

인간의 부패 및 그리스도의 의로만 얻는 칭의의 필요성이라는 교리들을 제대로 가르치면 자기중심적 죄들의 권세에서 벗어날 수 있지 않을까? 하지만 이러한 가르침은 그런 식의 결과를 내지 못한다. 자아는 제단에서도 떳떳하게 살 수 있다. 희생 제물이 피 흘리며 죽는 모습을 지켜보면서도 아무런 영향을 받지 않을 수 있다. 자아는 종교개혁자들의 믿음을 위해 싸울 수 있고, 은혜로 구원받는 교리를 유창하게 설교할 수 있으며, 수고함으로써 힘을 얻을 수 있다.

진실을 전부 말하자면, 실제로 자아는 정통 교리를 먹고 살고 선술집보다 성경 콘퍼런스를 더 편안해한다. 하나님을 갈망하는 우리의 상태가 자아가 번성하고 성장할 수 있는 탁월한 조건을 제공하기도 한다.

자아는 우리가 하나님의 얼굴을 보지 못하게 가리는 불투명한 휘장이다. 자아를 제거하는 일은 영적 경험이 있어야만 가능하며, 가르침만으로는 결코 할 수 없다. 가르침으로 자아를 제거하려는 시도는 마치 나병을 붙들고 잘 가르쳐서 몸에서 내보내려는 시도와 같다. 하나님이 자아를 파괴해 주셔야 우리가 자유로워질 수 있다. 십자가를 초대하여 우리 안에서 자아를 죽이는 일을 맡겨야 한다. 자기중심적 죄들을 십자가로 가져가 심판받게 해야 한다. 우리는 구세주께서 본디오 빌라도에게 고난받으셨을 때 통과하셨던 것과 같은 고난과 시련을 어느 정도 겪을 마음의 준비를 해야 한다.

기억하자. 휘장의 찢어짐을 이야기할 때 우리는 비유적으로 말하는 것이고, 그에 관해 생각하는 건 왠지 시적이고 유쾌할 정도다. 그러나 실제로 휘장이 찢어지는 일은 전혀 유쾌하지 않다. 우리가 경험하는 그 휘장은 영혼의 생체 조직으로 이루어져 있다. 우리의 전 존재를 구성하는, 감각이 살아 있고 떨리는 그 무언가로 이루어져 있고 그것을 건드리면 우리는 고통을 느낀다. 그것을 억지로 떼어 내면 상처가 생기고 아프고 피가 흐른다. 그렇지 않다고 말하는 것은 십자가를 십자가가 아니라고, 죽음을 죽음이 아니라고 말하는 것이다.

죽는 건 결코 즐겁지 않다. 생명을 이루는 귀중하고 부드러운 조직을 찢으면 극심한 고통이 올 수밖에 없다. 하지만 십자가는 예수님께 바로 그런 일을 했고, 누군가를 자유롭게 하려 할 때 다시 그 일을 할 것이다.

우리가 직접 휘장을 찢겠다고 내적 생명에 어설프게 손대지 않도록 주의하자. 하나님이 우리를 위해 모든 일을 하셔야 한다. 우리의 역할은 맡기고 신뢰하는 것이다. 자기중심적 삶을 고백하

죽는 건 결코 즐겁지 않다.

생명을 이루는 귀중하고 부드러운 조직을 찢으면

극심한 고통이 올 수밖에 없다.

하지만 십자가는 예수님께 바로 그런 일을 했고,

누군가를 자유롭게 하려 할 때

다시 그 일을 할 것이다.

우리가 직접 휘장을 찢겠다고

내적 생명에 어설프게 손대지 않도록 주의하자.

하나님이 우리를 위해 모든 일을 하셔야 한다.

우리의 역할은 맡기고 신뢰하는 것이다.

고 버리고 거부한 다음에는 그것이 십자가에 못 박혔음을 인정해야 한다. 그러나 안일한 '수용'을 하나님의 진짜 일하심과 혼동해서는 안 된다. 하나님의 일하심이 반드시 이루어지게 해야 한다. 임의로 자기를 십자가에 못 박는 식의 피상적 교리에 만족하면 안 된다. 그런 처사는 사울처럼 양 떼와 소 떼 가운데 가장 좋은 것들은 살려 두는 꼴이다(삼상 15:7-9).[3]

하나님의 일하심이 제대로 이루어지도록 그분께 구하면 그렇게 될 것이다. 십자가는 거칠고 치명적이지만 효과적이다. 십자가는 희생자를 영원히 매달아 두지 않는다. 처형이 끝나고 고통받는 희생자가 죽는 순간이 온다. 그다음 부활의 영광과 권세가 나타나고, 희생자는 고통을 잊은 채 기쁨을 누린다. 휘장이 치워지고 살아 계신 하나님의 임재 안에 들어가는 것을 영혼이 실제로 경험할 때 찾아오는 기쁨이다.

주님, 주님의 길은 얼마나 탁월하고
인간의 길은 얼마나 기만적이고 어두운지요.
우리에게 죽는 법을 가르치소서.
그리하여 새 생명으로 다시 살아나게 하소서.
성전의 휘장을 찢으신 것처럼
자기중심적 삶이라는 우리의 휘장을
위에서 아래로 찢으소서.

온전한 믿음의 확신을 갖고
하나님께 가까이 가게 하소서.
여기 이 땅에서 주님과 함께 거하는 것을
매일 경험하고 싶습니다.
그렇게 주님의 영광에 익숙해진 상태로
천국으로 들어가
거기서 주님과 함께하게 하소서.
예수님의 이름으로 기도합니다. 아멘.

CHAPTER 4

살아 있는
'하나님의 세계'를
이해하다

✦ 영적 세계의 경이로움

맛보아 알지어다.
시편 34편 8절

인도의 캐논 홈스는 25년도 더 전에 일반적인 사람이 가진 '하나님에 대한 믿음'의 추론적 성격을 지적했다. 대부분의 사람에게 하나님은 실재가 아니라 추론의 산물이다. 그들이 적합하다고 여기는 증거를 가지고 추론한 결과물이다. 하지만 하나님은 그들에게 개인적으로는 미지의 존재로 남아 있다. 사람들은 이렇게 말한다. "신은 존재함이 분명하다. 고로 우리는 신이 존재한다고 믿는다."

그런데 어떤 사람들은 이 정도 수준에도 못 미친다. 그들이 하나님에 대해 아는 내용은 남에게 들은 게 전부다. 이 문제를 굳이 생각해 본 적은 없지만, 남의 말을 듣고 갖게 된 신에 대한 믿음을 자신의 전체 신념을 구성하는 다양하고 자잘한 생각들과 함께 마음 한구석에 넣어 두었다.

그 외 다른 많은 이들에게 신은 하나의 이상일 뿐이거나 진(眞), 선(善), 미(美)의 또 다른 이름이다. 그들에게 신은 존재의 현상 배후에 있는 법칙이나 생명 또는 창조적 충동이다.

사람들은 이렇게 신을 여러모로 다양하게 생각하지만 한 가지 공통점이 있다. 인격적 경험을 통해 하나님을 알지 못한다는 것이다. 그들은 하나님과 친밀한 관계가 될 가능성을 전혀 생각하지 못한다. 하나님의 존재를 인정하긴 하지만 사물이나 사람을 안다는 의미에서 하나님을 알 수 있다고 생각하진 않는다.

그리스도인들은 분명 이보다 낫다. 적어도 이론적으로는 그렇다. 그리스도인들이 받아들이고 고백하는 신경(信經)에 따르면, 그들은 하나님의 인격성을 믿어야 한다. 그리고 그들은 "하늘에 계신 우리 아버지"라고 기도하도록 배운다. 그런데 하나님이 인격이자 아버지라면 그분과 개인적인 관계를 맺을 가능성을 생각하게 된다. 하지만 이론적으로는 이를 인정한다 해도, 수백만 명의 그리스도인에게 하나님은 비그리스도인의 경우만큼이나 실제적이지 않다. 그들은 신이라는 '이상'을 사랑하고 주어진 원리에 충실하고자 노력하면서 살아간다.

이 모든 애매모호함의 반대편에는 인격적 경험을 통해 하나님을 알 수 있다는 분명한 성경적 교리가 있다. 사랑의 인격께서 성경의 주인공이시다. 그분은 동산의 나무들 사이를 거니시고 모든 장면에 향기로운 숨결을 불어넣으신다. 언제 어디서든 하나님의 백성이 그분의 나타나심을 받아들일 준비가 되어 있을 때면 바로 그곳에 항상 살아 계신 인격께서 임재하시고 말씀하시고 호소하시며 사랑하시고 일하시고 자신을 나타내신다.

사람들은 자신의 경험의 장으로 들어오는 다른 사람이나 사물을 직접적으로 아는 것 못지않게 하나님을 직접적으로 알 수 있다. 성경은 이를 자명한 사실로 여긴다. 성경은 물체에 대한 지식을 표현할 때 쓰는 것과 같은 용어를 써서 하나님을 아는 지식을 표현한다. "너희는 여호와의 선하심을 맛보아 알지어다"(시 34:8). "왕의 모든 옷은 몰약과 침향과 계피의 향기를 풍기고"(시 45:8, 현대인의성경). "내 양들은 내 음성을 알아듣는다"(요 10:27, 우리말성경). "마음이 청결한 자는 복이 있나니 그들이 하나님을 볼 것임이요"(마 5:8). 이는 성경에 등장하는 그런 수많은 구절 중 몇 가지다. 그 어떤 증거 구절보다 더 중요한 것은 성경의 전체 취지가 (하나님을 직접적으로 알 수 있다는) 이 사실을 믿게 하려는 데 있다는 것이다.

이 모든 내용은 무엇을 의미할까? 우리가 친숙한 오감을 사용하여 사물을 아는 것만큼이나 확실하게 하나님을 알 수 있게 해 주는 기관이 우리 마음에 있다는 의미가 아닐까? 우리가 물리적 세계를 파악하는 방법은 그 일을 위해 우리에게 주어진 기능을 사용하는 것이다. 그리고 우리는 영적 기능을 보유하고 있으며, 성령의 권고에 순종하여 그 기능을 사용할 때 하나님과 영적 세계를 알 수 있다.

여기서 당연하게 여겨지는 내용이 있다. 구원 사역이 우리 마음에서 먼저 이루어져야 한다는 것이다. 거듭나지 않은 사람의 영적 기능은 그의 본성 안에 잠든 채 쓰이지 않고 본연의 목적을 발휘하지 못한다. 이는 죄로 인한 결과다. 그러나 성령의 역사로 사람이 거듭나면 다시 생명력 있게 살아갈 수 있다. 이것은 그리스도께서 십자가 위에서 이루신 대속 사역으로 말미암아 우리에게 주어지는 측량할 수 없는 유익 중 하나다.

그런데 하나님의 구원받은 자녀들의 모습은 어떤가. 그들은 왜 성경이 제시하는 지속적이고 의식적인 하나님과의 교제에 그토록 무지한가? 답은 우리의 만성적 불신이다. 우리의 영적 감각은 믿음의 힘으로 작동한다. 믿음에 결함이 생기면 내면이 영적인 일에 둔감해지고 무감각해지는 결과가 따라올 것이다. 이것이 오늘날 수많은 그리스도인의 상태다. 이 진술을 뒷받침할 증거를 찾아 나설 필요도 없다. 아무 그리스도인이든 만나서 대화를 나누거나 문이 열려 있는 주변 교회에 들어가 보면 바로 알 수 있다.

영적 세계는 우리 주변 모든 곳에 자리한다. 우리 내면의 자아가 닿을 수 있는 거리에서 우리를 둘러싸고 아우른 채 우리가 알아보기를 기다리고 있다. 하나님이 우리가 그분의 임재에 반응하기를 기다리신다. 이 영원한 세계는 우리가 그 **실재**를 **믿기** 시작하는 순간 우리에게 살아 있는 세계가 될 것이다.

나는 방금 따로 정의가 필요한 두 단어를 썼다. 정의를 내리기가 불가능하다면, 적어도 내가 어떤 의미로 쓰고 있는지는 분명히 해 둬야 할 것 같다. 바로 "믿다"와 "실재"다.

내가 이해하는 "실재"(reality)는 어떤 정신이 그에 대해 어떻게 생각하건 관계없이 존재하는 것, 그에 대해 생각하는 정신이 없어

영적 세계는 우리 주변 모든 곳에 자리한다.

우리 내면의 자아가 닿을 수 있는 거리에서

우리를 둘러싸고 아우른 채

우리가 알아보기를 기다리고 있다.

하나님이 우리가 그분의 임재에 반응하기를 기다리신다.

이 영원한 세계는

우리가 그 실재를 믿기 시작하는 순간

우리에게 살아 있는 세계가 될 것이다.

도 존재할 어떤 것이다. 실재하는 것은 그 자체로 존재한다. 실재는 그 타당성을 관찰자에게 의존하지 않는다.

나는 보통 사람의 실재 개념을 비웃는 사람들이 있음을 안다. 관념론자들은 정신 바깥에 어떤 것도 실재하지 않는다는 증거를 끝없이 제시한다. 상대주의자들은 우주에 우리가 무엇을 측정하는 기준으로 삼을 수 있는 고정 점이 없다는 것을 보여 주길 좋아한다. 이들은 드높은 지성의 꼭대기에서 우리를 내려다보고 비웃는다. '절대주의자'라는 비난조의 명칭으로 우리를 규정하고 스스로 만족해한다.

그리스도인은 이런 식의 경멸에 당황하지 않는다. 절대적이신 한 분 하나님이 존재하심을 아는 그는 그들에게 곧장 다시 웃어 줄 수 있기 때문이다. 그는 절대자가 이 세상을 인간이 사용하도록 지으셨다는 것도 알고, 이 세상에는 (하나님께 적용되는 것과 같은 결정적 의미에서) 고정되어 있거나 실재하는 건 없지만 인간의 삶에서는 어느 모로 보나 그런 게 있는 것처럼 처신해도 된다는 것도 안다. 그리고 정신이 병든 사람 외에는 모든 사람이 그렇게 행동한다.

정신이 병든 불행한 사람들도 실재를 이해하는 데 문제가 있지만, 그래도 그들은 일관성이 있다. 그들은 사물에 대한 자신들의 생각에 충실하게 살겠다고 고집한다. 그들은 정직하다. 그리고 바로 그 정직함이 문제가 된다.

관념론자와 상대주의자는 정신적으로 병든 이들이 아니다. 그들은 자신이 이론적으로 거부한 실재 관념에 따라 살아가고, 존재하지 않음을 직접 증명한 고정 점에 의존한다. 이를 보면 그들의 정신이 건강함을 확인할 수 있다. 자신들이 옳다고 생각하는 관념에 따라 기꺼이 살아간다면 그로 인해 그들이 더 많은 존경을 얻겠지만, 사실 그들은 그렇게 하지 않도록 조심한다. 그들의 생각은 삶에 깊이 뿌리 내린 것이 아니라 두뇌에서만 머무른다. 삶의 현실과 마주할 때면 그들은 자신의 이론을 거부하고 다른 사람들과 똑같이 산다.

그리스도인은 진실하기에 관념에 머무는 관념의 유희를 즐기지 않는다. 그는 과시용으로 근사한 이야기를 늘어놓는 일에서 즐거움을 느끼지 않는다. 그의 모든 믿음은 실제적이고, 그 내용은 그의 삶에 맞춰져 있다. 그는 그 믿음으로 살거나 죽고, 이 세상에서 사는 동안과 다가올 모든 시간에 그 믿음과 운명을 같이한다. 그는 진실하지 않은 사람에게서 돌아선다.

진실한 보통 사람은 세상이 실재한다는 걸 안다. 깨어나서 정신이 들면 세상이 여기 있음을 발견하고, 자신의 생각으로 세상이 생겨난 게 아님을 안다. 그가 태어났을 때 세상이 여기서 그를 기다리고 있었고, 이 땅에서 떠날 준비가 될 때 떠나는 그에게 여기서 작별 인사를 할 것임을 안다. 인생의 깊은 지혜를 가진 그는 의심하는 1,000명의 사람보다 더 지혜롭다. 그는 땅에 발을 딛고

서서 얼굴에 불어오는 바람과 부딪치는 빗방울을 느끼고, 그것들이 실재한다는 것을 안다. 낮에는 해를, 밤에는 별들을 본다. 어두운 뇌운에서 뜨거운 번개가 번뜩이는 것을 본다. 자연의 소리와 인간의 기쁨과 고통의 외침을 듣는다.

그는 이것들이 실재한다는 걸 안다. 밤에 차가운 땅에 누워 잠든 사이에 이것들이 환각으로 밝혀지거나 사라져 버릴 것을 두려워하지 않는다. 아침에 깨어나면 전날 밤에 눈을 감았을 때처럼 발아래는 견고한 땅이, 위에는 파란 하늘이, 주위에는 바위와 나무들이 있을 것이다. 그리하여 그는 실재의 세계에서 살아가고 기뻐한다.

그는 오감으로 이 실재 세계와 관계를 맺는다. 그를 창조하시고 이와 같은 세계에 그를 두신 하나님이 선사하신 기능들을 가지고 물리적 존재에게 필요한 모든 것을 파악한다.

그런데 하나님도 분명히 실재하신다. 그분은 다른 어떤 것과도 다른 절대적이고 최종적 의미에서 실재하신다. 다른 모든 실재는 그분의 실재에 의존한다. 위대한 실재이신 하나님은 우리를 포함한 피조물의 총합을 구성하는 '더 낮고 의존적인 실재'의 창조주시다. 하나님은 우리가 그분에 관해 품을 수 있는 그 어떤 관념과도 독립적으로, 별개로, 객관적으로 존재하신다. 예배하는 마음은 예배의 대상을 창조할 수 없다. 거듭남의 아침이 밝아 도덕적 잠에서 깨어날 때 여기서 그분을 발견할 따름이다.

하나님은 우리가 그분에 관해 품을 수 있는

어떤 관념과도 독립적으로,

별개로, 객관적으로 존재하신다.

예배하는 마음은 예배의 대상을 창조할 수 없다.

거듭남의 아침이 밝아 도덕적 잠에서 깨어날 때

여기서 그분을 발견할 따름이다.

명확히 해야 할 또 다른 단어는 "믿다"(reckon)이다. 이 단어는 시각화나 상상을 의미하지 않는다. 상상은 믿음이 아니다. 두 단어는 서로 다를 뿐 아니라 날카롭게 대립한다. 상상은 실재하지 않는 머릿속의 이미지를 투사하여 거기에 실재성을 부여하려 든다. 믿음은 아무것도 창조하지 않는다. 이미 거기 있는 걸 의지할 뿐이다.

하나님과 영적 세계는 실재한다. 우리는 주변의 친숙한 세계를 믿는 것만큼이나 확신 있게 하나님과 영적 세계를 믿을 수 있다. 영적인 것들은 분명히 존재하면서("여기 있다"고 말해야 할지도 모르겠다) 우리의 관심을 끌고 우리의 신뢰를 요구한다.

우리의 문제는 나쁜 사고 습관이 굳어졌다는 것이다. 습관적으로 우리는 육체적 눈에 보이는 세계만 실재한다고 생각하고 그 밖의 다른 모든 세계의 실재성을 의심한다. 영적 세계의 존재를 부인하지는 않지만, 그 세계가 일반적으로 인정하는 의미에서 실재한다는 것은 의심하는 것이다.

감각의 세계는 우리가 살아가는 내내 밤낮으로 밀고 들어와 우리의 관심을 요구한다. 그것은 떠들썩하고 멈출 줄 모르고 자기를 과시한다. 그것은 우리의 믿음에 호소하지 않는다. 우리의 오감을 공략하면서 자기를 실재하는 최종적 세계로 받아들이라고 요구한다. 죄가 우리 마음의 렌즈를 잔뜩 더럽혀 놓은 바람에 우리는 주위에서 빛나는 다른 실재, 하나님의 도성(都城, city)을 보지 못한다. 이에 감각의 세계가 승리한다. 보이는 것이 보이지 않는 것의 원수가 되고, 일시적인 것이 영원한 것의 원수가 된다. 이것이 비극적인 아담 종족의 모든 구성원이 물려받은 저주다.

그리스도인의 삶의 뿌리에는 보이지 않는 세계에 대한 믿음이 있다. 그리스도인이 믿는 대상은 보이지 않는 실재다.

우리의 생각은 맹목적인 우리의 본성적 마음과 여기저기서 치고 들어오는 보이는 것들의 영향을 받는다. 그래서 따로 교정받지 않으면 영적인 것과 실재하는 것을 대립시키는 경향이 있다. 그러나 실제로 둘의 대립은 존재하지 않는다. 대립은 다른 곳에서 이루어진다. 실재하는 것과 가상의 것, 영적인 것과 물질적인 것, 일시적인 것과 영원한 것 사이의 대립이다. 여기서 영적인 것과 실재하는 것은 대립하지 않는다. 영적인 것은 실재한다.

진리의 성경을 통해 우리에게 분명하게 손짓하는 빛과 능력의 영역으로 올라가고자 한다. 영적인 것을 무시하는 고질적인 습관을 깨뜨려야 한다. 보이는 것에서 보이지 않는 것으로 관심을 옮겨야 한다. 하나님은 보이지 않는 위대한 실재이시기 때문이다. "하나님께 나아가는 자는 반드시 그가 계신 것과 또한 그가 자기를 찾는 자들에게 상 주시는 이심을 믿어야 할지니라"(히 11:6). 이는 믿음 생활의 기본이다. 여기서부터 우리는 무한한 높이까지 올라갈 수 있다. 우리 주 예수 그리스도께서 말씀하셨다. "하나님을 믿으니 또 나를 믿으라"(요 14:1). 첫 번째가 없이는 두 번째도 없다.

영적인 것을 무시하는
고질적인 습관을 깨뜨려야 한다.
보이는 것에서 보이지 않는 것으로
관심을 옮겨야 한다.
하나님은 보이지 않는 위대한 실재이시기 때문이다.

"하나님께 나아가는 자는 반드시
그가 계신 것과
또한 그가 자기를 찾는 자들에게
상 주시는 이심을 믿어야 할지니라."

하나님을 정말 따르고 싶다면 '다른 세상'을 지향해야 한다. 나는 이 세상의 아들들이 '다른 세상'이라는 말을 경멸조로 사용하고 책망의 표시로 그리스도인에게 적용한다는 사실을 잘 안다. 그러라고 하라. 모든 사람은 자신의 세계를 선택해야만 한다. 그리스도를 따르는 우리가 모든 사실을 앞에 놓고 우리가 무엇을 하는지 아는 상태에서 하나님 나라를 우리의 관심 영역으로 선택한다면, 누가 무슨 이유로 이를 반대할 수 있단 말인가. 우리가 그로 인해 손해를 본다면, 그건 우리 몫이다. 우리가 이익을 본다면, 그 이익은 누군가의 것을 빼앗아 얻은 게 아니다. 이 세상이 멸시하고 술꾼이 노래로 조롱하는 '다른 세상'은 우리가 신중하게 선택한 목표이고 우리의 가장 거룩한 갈망의 대상이다.

그러나 이 '다른 세상'을 미래로 밀어내는 흔한 잘못은 피해야 한다. 다른 세상은 미래가 아니라 현재다. 다른 세상은 우리에게 친숙한 물리적 세계와 동시에 존재하고 두 세계 사이의 문은 열려 있다. 히브리서 기자는 이렇게 말한다(이 문장은 분명히 현재 시제다). "너희가 이른 곳은 시온산과 살아 계신 하나님의 도성인 하늘의 예루살렘과 천만 천사와 하늘에 기록된 장자들의 모임과 교회와 만민의 심판자이신 하나님과 및 온전하게 된 의인의 영들과 새 언약의 중보자이신 예수와 및 아벨의 피보다 더 나은 것을 말하는 뿌린 피니라"(히 12:22-24).

이 모든 내용은 "만질 수 있 …… 는 산"과 들리는 "나팔 소리와 말하는 소리"와 대조를 이룬다(히 12:18-19). 시내산의 실재들을 오감으로 파악할 수 있는 것처럼, 시온산의 실재들은 영혼으로 파악해야 한다는 결론을 내려도 안전하지 않을까? 그것도 상상력의 묘기를 부려서가 아니라 완전한 현실로서 말이다. 영혼은 볼 수 있는 눈과 들을 수 있는 귀를 갖고 있다. 오랫동안 쓰지 않아 약해졌을지 몰라도, 이제는 생명을 주시는 그리스도의 손길로 살아나 가장 날카롭게 보고 가장 예민하게 들을 수 있게 됐다.

하나님께 초점을 맞추기 시작하면 우리 내면의 눈앞에서 영의 일들이 구체화될 것이다. 그리스도의 말씀에 순종하면 하나님의 내적 계시가 주어질 것이다(요 14:21-23). 그렇게 되면 예리한 지각을 지니게 되어 마음이 청결한 사람에게 약속된 대로 하나님을 볼 수 있게 될 것이다. 하나님에 대한 새로운 의식이 우리를 사로잡을 테고, 우리는 생명이시고 우리의 전부이신 하나님을 맛보고 그분의 말씀을 듣고 그분을 내적으로 느끼기 시작할 것이다. 세상에 태어난 모든 사람을 비추는 빛이 끊임없이 번득이는 광경을 볼 것이다. 우리의 이 능력이 더 예리해지고 확실해짐에 따라 하나님은 우리에게 위대한 전부가 되실 것이고, 그분의 임재는 우리 삶의 영광과 경이로움이 될 것이다.

오, 하나님,

제 안의 모든 능력을 소생시켜 주소서.

그리하여 제가 영원한 것들을 붙잡게 하소서.

제 눈을 열어 보게 하소서.

예리한 영적 지각을 주소서.

주님을 맛보고

주님의 선하심을 알게 하소서.

천국이 지상의 그 어떤 것보다 더

제게 실재가 되게 하소서.

예수님의 이름으로 기도합니다. 아멘.

CHAPTER 5

'여기 계시는 하나님'에 눈뜨다

✦ 하나님께 반응하는 수용성 훈련

내가 주의 영을 떠나 어디로 가며
주의 앞에서 어디로 피하리이까.
시편 139편 7절

모든 기독교의 가르침에서 특정한 기본 진리들은 때로는 감추어진 형태로, 때로는 명시적이 아닌 전제된 형태로 발견된다. 이 기본 진리들이 모든 진리의 밑바탕이 된다. 마치 삼원색이 완성된 그림에서 발견되고 꼭 필요한 것처럼 말이다. 이런 기본 진리 중 하나가 바로 하나님의 내재성이다.

하나님은 그분의 창조 세계 안에 거하시고 그분이 만드신 모든 것 안에 나뉨 없이 임재하신다. 이는 선지자와 사도가 담대하게 가르치고 기독교 신학이 널리 인정하는 내용이다. 하지만 이렇게 여러 책에 실려 있는 이 진리가 어떤 이유에서인지 평범한 그리스도인의 마음에 새겨져서 믿는 자아의 일부가 되지 못했다. 기독교 교사들은 하나님의 임재성의 온전한 함의를 회피하고, 설령 언급한다 해도 별다른 의미가 없을 정도로 희석시켜서 이야기한다. 아마도 범신론이라는 비난을 받을까 두려운 게 아닌가 짐작된다. 그러나 하나님의 내재성 교리는 절대 범신론이 아니다.

범신론의 오류는 너무나 뚜렷해서 아무도 속일 수 없다. 범신론은 신이 '창조된 모든 것의 총합'이라고 주장하는 이론이다. 그에 따르면 자연과 신은 하나다. 그래서 누구든 나뭇잎 한 장 돌 하나를 만지면 신을 만지는 것이 된다. 물론 이 말은 썩지 않는 하나님의 영광을 훼손하는 주장이고, 만물을 신적인 것으로 만들려다 세상에서 신성을 전부 추방하는 결과를 낳는다.

하나님은 그분의 세계에 거하시지만 영원히 넘을 수 없는 간격으로 그 세계와 분리되어 있다는 것이 진실이다. 하나님이 그분의 손으로 지으신 만물과 아무리 긴밀히 이어져 있다 해도, 그것들은 하나님과 영원히 다르고 그래야만 한다. 하나님은 그것들보다 먼저 계시고 그와 독립해서 존재하신다. 그분이 만드신 모든 것에 내재하시지만 그 모든 것을 초월하신다.

그런데 하나님의 내재성이 그리스도인의 경험에서 직접적으로 무엇을 의미할까? 그것은 '하나님이 여기 계심'을 의미한다. 우리가 어디에 있든 하나님은 그곳에 계신다. 하나님이 안 계신 곳이 없고, 그런 곳은 존재할 수도 없다. 공간의 수많은 지점에 헤아릴 수 없을 만큼 서로 멀리 떨어져 있는 천만의 지성체가 각각 똑같이 진실하게 "하나님이 여기 계신다"라고 말할 수 있다. 어떤 지점도 다른 지점보다 하나님께 더 가깝지 않다. 어떤 장소에서든 하나님과의 거리는 모두 똑같이 가깝다. 모든 사람은 하나님과 거리상으로 더 멀지도 더 가깝지도 않다.

지금까지 말한 내용은 가르침을 받은 모든 그리스도인이 믿는 진리다. 이 내용이 우리 안에서 빛나기 시작할 때까지 기도하면 서 깊이 생각하는 일은 우리 몫이다.

　태초에 하나님이 계셨다. 물질이 아니었다. 물질은 스스로 생겨나지 않기 때문이다. 물질이 생겨나려면 그 이전의 원인이 있어야 하는데, 하나님이 그 원인이시다. 태초에 법칙이 있지 않았다. 법칙은 모든 창조 세계가 따르는 과정을 가리키는 이름에 불과하다. 그 과정은 누군가가 설계해야 하고, 그분이 바로 하나님이시다. 태초에 있었던 건 정신도 아니었다. 정신 또한 창조된 것이고 그 배후에 창조주가 있어야 한다. 태초에 물질, 정신, 법칙의 자존하는 원인이신 하나님이 계셨다. 우리는 거기서 시작해야 한다.

　아담은 죄를 지었고, 겁에 질린 나머지 불가능한 일을 미친 듯이 시도했다. 그는 하나님의 임재에서 숨으려고 했다. 다윗도 하나님의 임재를 피해 달아날 생각을 했던 게 분명하다. "내가 주의 영을 떠나 어디로 가며 주의 앞에서 어디로 피하리이까"라고 쓰지 않았던가(시 139:7).

　이 구절에 이어서 하나님의 내재성의 영광을 찬양하는 대단히 아름다운 시편이 펼쳐진다. "내가 하늘에 올라갈지라도 거기 계시며 스올에 내 자리를 펼지라도 거기 계시니이다 내가 새벽 날개를 치며 바다 끝에 가서 거주할지라도 거기서도 주의 손이 나를 인도하시며 주의 오른손이 나를 붙드시리이다"(8-10절). 다윗은 하나님의 존재하심과 그분의 보심이 같은 것임을 알았다. 보시는 하나님이 그가 태어나기 전부터 그와 함께하시면서 생명이 펼쳐지는 신비를 지켜보셨음을 알았다.

솔로몬은 이렇게 외쳤다. "하나님이 참으로 사람과 함께 땅에 계시리이까 보소서 하늘과 하늘들의 하늘이라도 주를 용납하지 못하겠거든 하물며 내가 건축한 이 성전이오리이까"(대하 6:18). 바울은 아덴(아테네) 사람들에게 이렇게 장담했다. "그는 우리 각 사람에게서 멀리 계시지 아니하도다 우리가 그를 힘입어 살며 기동하며 존재하느니라"(행 17:27-28).

만약 하나님이 공간의 모든 지점에 임재하신다면, 우리가 하나님이 안 계신 곳을 찾을 수 없고 하나님이 안 계신 곳을 상상할 수조차 없다면, 왜 그 임재는 세상에서 보편적으로 찬양받는 사실이 되지 않았을까? 족장 야곱은 "짐승이 부르짖는 광야"에서 이 질문에 대답했다(신 32:10). 그는 하나님의 환상을 보고 경이감에 사로잡혀 이렇게 외쳤다. "여호와께서 과연 여기 계시거늘 내가 알지 못하였도다"(창 28:16). 야곱은 모든 곳에 계시는 하나님의 임재의 원을 단 한순간도 벗어난 적이 없었다. 그러나 그는 그 사실을 알지 못했다. 그것이 그의 문제였고 우리의 문제다. 사람들은 하나님이 여기 계신 줄 모른다. 그들이 안다면 얼마나 많은 것이 달라질까.

임재와 임재의 나타남은 다르다. 임재의 나타남이 없이도 임재가 있을 수 있다. 우리가 전혀 의식하지 못해도 하나님은 여기 계신다. 하나님은 우리가 그분의 임재를 의식할 때만, 그만큼만 나타나신다. 우리 쪽에서 하나님의 영께 순복해야만 한다. 아버지와 아들을 우리에게 보여 주시는 것이 성령의 일이기 때문이다. 우리가 사랑으로 순종하여 그분과 협력하면 하나님이 우리에게 자신을 나타내실 테고, 그런 나타나심의 유무가 명목상의 그리스도인과 그분의 얼굴빛으로 빛나는 성도를 가를 것이다.

하나님은 언제나 어디서나 임재하시고, 언제나 자신을 드러내기를 원하신다. 하나님은 각 사람에게 자신이 존재한다는 사실뿐 아니라 자신이 어떤 분이신지도 드러내기를 원하신다. 하나님은 누군가의 설득도 없이 자발적으로 모세에게 자신을 드러내셨다. "여호와께서 구름 가운데에 강림하사 그와 함께 거기 서서 여호와의 이름을 선포하실새"(출 34:5). 하나님은 그분의 본성을 말씀으로 선포하셨을 뿐 아니라 모세에게 자신을 보여 주셨고 그로 인해 모세의 얼굴이 초자연적 광채로 빛났다.

하나님이 자신을 계시하시겠다는 약속이 말 그대로 참이라는 것을, 하나님이 이토록 큰 약속을 하신 것은 오로지 그 약속을 지키시기 위함이라는 것을 믿기 시작할 때 그것은 우리에게 대단한 순간이 될 것이다.

하나님을 추구하는 우리의 노력이 성공할 수 있음은 오로지 그분이 우리에게 늘 자신을 나타내고자 하시기 때문이다. 하나님이 누군가에게 자신을 계시하신다는 건 어떤 시점에 먼 거리에서 찾아와 잠시 의미심장하게 그 사람의 영혼을 방문하신다는 뜻이 아니다. 이는 상황을 완전히 오해한 생각이다. 하나님이 영혼에 다가가심, 또는 영혼이 하나님께 다가감을 공간적인 용어로 생각해서는 안 된다. 이 관념에 물리적 거리 개념은 들어 있지 않다. 이는 거리가 아닌 경험의 문제다.

하나님과 가깝다거나 멀다는 말은 평범한 인간관계에서 통용되는 의미로 이해할 수 있다. 어떤 사람이 이렇게 말한다. "아들이 크면서 내게 더 가까이 다가오는 게 느껴져." 하지만 그 아들은 태어난 이후로 죽 아버지 곁에서 살았고 평생 하루 넘게 집을 떠난 적이 없다. 그러면 아버지는 무슨 뜻으로 그런 말을 했을까? 그는 경험에 관해 말하고 있음이 분명하다. 아들이 아버지인 자신을 더 긴밀히 알고 더 깊이 이해하게 됐다, 두 사람 사이의 생각과 감정의 벽이 사라지고 있다, 아버지와 아들의 생각과 마음이 더욱 끈끈하게 하나가 되고 있다는 뜻으로 말한 것이다.

그래서 우리는 "십자가 앞에 더 가까이 가오니"라는 찬송가를 부를 때 장소의 가까움이 아니라 관계의 가까움을 생각하게 된다. 우리는 하나님을 점점 더 명확하게 인식하게 되기를, 그분의 임재를 더욱 온전히 의식하게 되기를 기도한다. 우리는 부재하신 하나님을 향해 공간 너머로 소리칠 필요가 없다. 그분은 우리 자신의 영혼보다 더 가까이, 우리의 가장 은밀한 생각보다 더 가까이에 계신다.

왜 어떤 사람들은 남들이 못 하는 방식으로 하나님을 '발견'할

하나님을 추구하는 우리의 노력이
성공할 수 있는 것은
오로지 그분이 우리에게
늘 자신을 나타내고자 하시기 때문이다.

하나님이 영혼에 다가가심,
또는 영혼이 하나님께 다가감을
공간적인 용어로 생각해서는 안 된다.
이 관념에 물리적 거리 개념은 들어 있지 않다.
이는 거리가 아닌 경험의 문제다.

우리는 부재하신 하나님을 향해
공간 너머로 소리칠 필요가 없다.
그분은 우리 자신의 영혼보다 더 가까이,
우리의 가장 은밀한 생각보다
더 가까이에 계신다.

까? 왜 하나님은 어떤 이들에겐 그분의 임재를 나타내시고 수많은 다른 이들은 그리스도인의 불완전한 경험이라는 희미한 빛 아래에서 힘겹게 나아가도록 내버려 두실까? 물론, 모두를 향한 하나님의 뜻은 동일하다. 하나님은 그분의 가족 가운데 그 누구도 편애하지 않으신다. 그분은 그분의 자녀 가운데 누군가에게 행하신 모든 일을 그분의 모든 자녀를 위해 행하실 의향이 있으시다. 차이는 하나님이 우리를 다르게 대하시는 것에서가 아니라, 그분을 대하는 우리의 방식에서 발생한다.

생애와 증언이 널리 알려진 위대한 성도(聖徒)를 스무 명만 임의로 뽑아 보라. 성경 인물도 좋고 성경 시대 이후의 유명한 그리스도인도 좋다. 성도들이 똑같지 않다는 생각이 바로 들 것이다. 때로 그 차이는 확연히 눈에 들어올 정도로 크다. 모세와 이사야는 얼마나 달랐는가. 엘리야와 다윗은 또 얼마나 달랐는가. 요한과 바울, 성 프란체스코와 마르틴 루터, 찰스 피니와 토마스 아 켐피스는 서로 얼마나 달랐는가. 그 차이는 인생 자체, 그러니까 종족, 국적, 교육, 기질, 습관과 개성의 차이만큼이나 크다. 하지만 그들 모두는 각각의 시대에 흔했던 길보다 훨씬 더 숭고한, 영적 삶이라는 대로를 걸어갔다.

그들의 차이는 부수적인 것이었고 하나님이 보실 때는 전혀 중요하지 않았음이 분명하다. 어떤 필수적인 특성에서 그들은 분명히 공통점이 있었을 것이다. 그게 대체 무엇일까?

그들이 공통으로 지닌 한 가지 필수적인 특성은 '영적 수용성'(spiritual receptivity)이었다고 감히 말해 본다. 그들 안에 있는 뭔가가 하늘을 향해 열려 있었고, 뭔가가 그들을 하나님 쪽으로 가도록 재촉했다. 심오한 분석 같은 걸 시도하지 않고 나는 단순하게 이렇게 말하겠다. 그들에겐 영적 의식이 있었다. 그리고 그들은 그것이 자기 삶에서 가장 중요한 것이 될 때까지 계속 함양했다.

그들이 보통 사람과 달랐던 점은 내면의 갈망을 느꼈을 때 그에 대해 뭔가 조치를 취했다는 것이다. 그들은 영적 반응이라는 평생의 습관을 길렀다. 그들은 "하늘에서 보이신 것을 …… 거스르지" 않았다(행 26:19). 다윗은 그에 대해 이렇게 깔끔하게 정리했다. "너희는 내 얼굴을 찾으라 하실 때에 내가 마음으로 주께 말하되 여호와여 내가 주의 얼굴을 찾으리이다 하였나이다"(시 27:8).

인생의 모든 좋은 것 배후에 하나님이 계시듯, 이 수용성의 배후에도 하나님이 계신다. 하나님의 주권이 여기에 있고 이를 신학적으로 특별히 강조하지 않는 이들조차 그 주권을 느낀다. 미켈란젤로는 한 편의 소네트〔10개의 음절로 구성되는 시행 14개가 일정한 운율로 이어지는 14행시〕에서 이렇게 고백했다.

주님의 도움이 없으면 내 마음은 불모의 땅,

내 본성적 자아는 어떤 것에도 양분을 줄 수 없네.

주님은 선하고 경건한 일들의 씨앗이시니,

주님이 허락하시는 곳에서만 경건한 일들이 살아납니다.
주님이 참된 길을 보여 주시지 않으면
아무도 찾을 수 없나이다. 아버지여! 이끌어 주소서.

하나님이 우리 안에서 일하심을 인식하는 건 중요하지만, 그 생각에 지나치게 몰두하지 말라고 경고하고 싶다. 그것은 메마른 수동성으로 가는 확실한 길이다. 하나님은 우리에게 선택, 예정, 하나님의 주권 같은 신비를 이해하는 책임을 지우지 않으실 것이다. 이런 진리들을 다루는 가장 안전하고 훌륭한 방법은 하나님께 눈을 들어 더없이 경건하게 "오, 주님, 주님이 아십니다"라고 말하는 것이다. 이 진리들은 깊고 신비하고 심오한 하나님의 전지하심에 속한다. 그 내용을 파고들면 신학자가 되겠지만 성도가 되지는 못할 것이다.

수용성은 단일한 게 아니다. 친화성, 경향, 공감적 반응, 갖고 싶은 바람 등 영혼 안의 여러 요소가 뒤섞인 복합적인 것이다. 여기서 우리는 수용성의 정도가 다양하리라는 것을 추측할 수 있다. 개인에 따라 수용성이 낮거나 그 정도가 다를 수 있다. 수용성은 훈련을 거쳐 증가할 수도 있고 소홀히 하여 파괴될 수도 있다. 그것은 하늘에서 우리를 장악하러 내려오는 주권적이고 불가항력적인 힘이 아니다. 분명 하나님의 선물이지만, 그것이 주어진 목적을 실현하려면 그분이 우리에게 주신 다른 선물처럼 그것이 무엇인지 우리가 알아보고 이를 함양해야 한다.

이 사실을 파악하지 못했기 때문에 현대 복음주의가 대단히 심각하게 무너졌다. 옛 성도들이 너무나 귀중하게 여겼던 함양과 훈련 개념이 이제 우리의 종교적 상황에서는 들어설 자리가 전혀 없다. 함양과 훈련은 너무 느리고 너무 평범하다. 현대의 우리는 매력과 빠르게 흘러가는 극적 행동을 요구한다. 누름 버튼과 자동기계 사이에서 자라난 세대의 그리스도인들은 목표에 도달하는 더 느리고 덜 직접적인 방법들을 견디지 못한다.

우리는 기계 시대의 방법들을 하나님과의 관계에 적용하려고 시도해 왔다. 성경 한 장을 읽고 짧은 경건의 시간을 가진 뒤 쏜살같이 밖으로 달려 나간다. 또 다른 복음 집회에 참석하거나 최근에 먼 나라에서 돌아온 종교적 모험가가 들려주는 또 다른 흥미진진한 이야기에 귀를 기울여서 우리 내면의 심각한 파산 상태를 벌충하려 하는 것이다.

이런 정신의 비극적 결과는 주위에 가득하다. 피상적인 삶, 공허한 종교 철학, 흥미 위주의 복음 집회, 사람들에게 영광을 돌리는 관행, 종교의 외형을 신뢰하는 모습, 신앙의 탈을 쓴 교제, 영업 사원 같은 홍보 방식, 활동적 성격을 성령의 능력으로 오해하는 어리석음 등등. 이와 같은 것들은 영혼의 몹쓸 병, 깊고 심각한 병폐의 징후다.

우리를 덮친 이 심각한 질병이 어느 한 개인의 책임은 아니지만, 그렇다고 모든 그리스도인이 그 책임에서 완전히 자유롭다고 말할 수는 없다. 우리 모두 직간접적으로 이 슬픈 상황에 기여했다. 다른 사람들이 빈약한 보통 수준의〔영혼의〕식단에 만족하는 듯 보이는 상황에서, 우리는 눈이 어두워 그보다 나은 것을 보지 못했거나, 소심한 나머지 그보다 나은 게 있다고 말하지 못했거나, 자기만족에 빠져서 더 나은 것을 바라지 못했다.

달리 표현하면, 우리는 서로의 관념을 받아들였고, 서로의 삶을 모방했으며, 서로의 경험을 본으로 삼았다. 그래서 한 세대에 걸쳐 수준의 저하가 이어졌다. 이제 우리는 모래와 불탄 바랭이〔벼과의 한해살이풀로, 전 세계에 널리 퍼진 잡초의 대명사〕가 있는 낮은 곳에 이르렀다. 무엇보다 나쁜 것은, 우리가 자신의 경험을 진리의 말씀의 준거로 삼았고, 이 낮은 곳을 복 있는 사람들의 초장으로 받아들였다는 것이다.

우리가 이 시대의 손아귀에서 빠져나와 성경의 길로 돌아가는 데는 단호한 마음과 상당한 용기가 필요할 것이다. 그러나 그 일은 가능하다. 과거에 그리스도인들은 가끔씩 그런 일을 해야 했다. 역사는 성 프란체스코, 마르틴 루터, 조지 폭스 같은 이들이 주도한 몇 차례의 대규모 귀환을 기록한다.

불행히도 당장에는 루터나 폭스 같은 사람이 보이지 않는다. 그리스도께서 오시기 전에 그런 귀환을 기대할 수 있는지에 관해 그리스도인들의 의견이 갈리지만, 이는 지금 우리에게 그리 중요한 문제가 아니다.

하나님이 그분의 주권에 따라 세계적인 규모로 무슨 일을 하실지 나는 모른다. 그러나 하나님의 얼굴을 구하는 평범한 남녀에게 무슨 일을 하실지 나는 분명히 알고 있고 다른 사람들에게 알려 줄 수 있다. 어떤 사람이든 진심으로 하나님께 돌아서고, 경건의 훈련을 시작하고, 신뢰와 순종과 겸손으로 영적 수용력을 발전시키려고 노력하면, 더 빈약하고 나약하던 시절에 소망했던 모든 것을 능가하는 결과를 맞게 될 것이다.

누구든지 회개하고 진심으로 하나님께 돌이키면, 자신이 갇혀 있던 틀을 깨고 나올 것이고, 영적 기준을 찾고자 성경을 펼 것이며, 거기서 발견하는 내용으로 기뻐할 것이다.

다시 말하지만, 보편적 임재는 분명한 사실이다. 하나님이 여기 계신다. 온 우주가 그분의 생명으로 살아 있다. 그분은 이상하거나 이질적인 신이 아니라 우리 주 예수 그리스도의 친숙한 아버지시다. 그분의 사랑은 수천 년간 죄 많은 인류를 감싸 안았다. 그리고 그분은 우리의 관심을 얻고 우리에게 자신을 드러내시고 우리와 소통하고자 언제나 노력하신다. 우리는 다가오시는 그분께 반응하기만 하면 그분을 알 수 있는 능력을 갖고 있다(이를 우리는 "하나님을 추구함"이라 부른다). 믿음과 사랑과 훈련으로 우리의 수용성이 더 완벽해짐에 따라 우리는 그분을 점점 더 많이 알게 될 것이다.

오, 하나님 아버지,

눈에 보이는 것들에 몰두했던

악한 행실을 회개합니다.

온 세상이 제 자신으로 가득 차 있었습니다.

주님이 여기 계셨건만 저는 알지 못했습니다.

눈멀어 주님의 임재를 보지 못했습니다.

제 눈을 열어

제 안에, 제 주위에 계신 주님을 보게 하소서.

예수님의 이름으로 기도합니다. 아멘.

CHAPTER 6

말씀이 들리는
삶이 시작될 때

✦ 하나님의 소리와 어조에 친숙해질 것

태초에 말씀이 계시니라
이 말씀이 하나님과 함께 계셨으니
이 말씀은 곧 하나님이시니라.
요한복음 1장 1절

기독교의 진리를 배우지 않았지만 지성을 갖춘 평범한 사람이 이 성경 본문〔요 1:1〕을 접한다면 이런 결론을 내릴 가능성이 높다. 사도 요한은 '말씀하시고 자기 생각을 다른 이들에게 전하는 것'이 하나님의 본성임을 가르치려 했다고 말이다. 그리고 아마 그의 생각은 옳을 것이다. 말은 생각을 표현하는 수단이다. 그러므로 이 사실을 영원하신 성자께 적용하면, '자기표현'이 하나님의 속성에 내재한다는 것과 하나님은 영원히 피조물에게 자신을 알리려 하신다는 사실을 믿게 된다. 성경 전체가 이 생각을 지지한다. 하나님은 말씀하신다. '말씀하셨다'가 아니라, '지금' 말씀하신다. 그분은 본성에 따라 끊임없이 자신의 뜻을 표현하신다. 세상을 그분의 말씀하시는 음성으로 채우신다.

하나님의 세상에 있는 그분의 음성은 우리가 상대해야 할 위대한 실재 중 하나다. 가장 간단하고 유일하게 만족스러운 우주생성론은 이것이다. "그가 말씀하시매 이루어졌(도다)"〔시 33:9〕. 자연법칙의 원인은 창조 세계에 내재하는 하나님의 살아 있는 음성이다. 그리고 온 세상을 생겨나게 한 하나님의 이 말씀이 성경을 의미하는 것이라 볼 수는 없다. 그것은 기록되거나 인쇄된 말이 아니라 만물의 구조 안으로 선포된 하나님의 의지의 표현이기 때문이다. 이 하나님의 말씀은 세상에 생명의 잠재력을 가득 채우는 하나님의 숨결이다. 그분의 음성은 자연에서 가장 강력한 힘, 아니 유일한 힘이다. 모든 에너지가 존재하는 건 오로지 능력으로 충만한 말씀이 선포되고 있기 때문이다.

성경은 하나님의 기록된 말씀이고, 기록되어 있기에 잉크와 종이와 가죽으로 제한되고 한정될 수밖에 없다. 하지만 하나님의 음성은 주권자 하나님이 자유로우신 것처럼 살아 있고 자유롭다. "내가 너희에게 이른 말은 영이요 생명이라"(요 6:63). 하나님이 하시는 말씀 안에 생명이 있다. 성경에 있는 하나님의 말씀이 능력 있음은 오로지 우주에 있는 하나님의 말씀에 대응하는 기록이기 때문이다. 이 기록된 말씀을 전능하게 하는 것은 바로 현재의 음성이다. 이 음성이 없다면 기록된 말씀은 그저 책의 앞뒤 표지 사이에 갇혀 잠들고 말 것이다.

하나님이 세상과 물리적으로 접촉하면서 천지를 창조하셨다는 생각은 저급하고 원시적인 견해다. 성경은 이와 다르게 가르친다. "여호와의 말씀으로 하늘이 지음이 되었으며 그 만상을 그의 입 기운으로 이루었도다 …… 그가 말씀하시매 이루어졌으며 명령하시매 견고히 섰도다"(시 33:6, 9). 우리는 "믿음으로 모든 세계가 하나님의 말씀으로 지어진 줄" 깨닫는다(히 11:3). 우리는 여기서 거론되는 것이 그분의 기록된 말씀이 아니라 말씀하시는 음성임을 다시금 기억해야 한다. 세상을 채우는 그분의 음성은 성경보다 헤아릴 수 없는 세기를 앞서고, 창조의 새벽 이래로 한 번도 침묵한 적이 없으며, 지금도 여전히 우주의 가장 먼 곳까지 두루 울려 퍼진다.

하나님의 말씀은 빠르고 강력하다. 태초에 하나님은 무(無)를 향해 말씀하셨고 무가 유(有)가 됐다. 그 음성을 듣고 혼란이 질서가 됐고, 어둠이 빛이 됐다. "하나님이 이르시되 …… 그대로 되니라." 원인과 결과가 짝을 이룬 이 문구는 창세기의 창조 이야기에 줄곧 나타난다(창 1:6-7, 9, 11, 14-15, 24, 29-30). "이르시되"가 "그대로"를 설명한다. "그대로"는 "이르시되"가 끊임없이 현재가 되는 상황을 표현한다.

하나님은 여기 계시고, 말씀하신다. 이 두 진리가 성경의 다른 모든 진리의 배후에 있다. 이 두 진리 없이는 계시가 아예 존재할 수 없다. 성경은 멀리 떨어진 우리가 아무 도움 없이 읽도록 하나님이 쓰셔서 사자 편으로 보내 주신 책이 아니다. 성경은 하나님이 직접 말씀하신 책이고, 하나님은 이 말씀들 안에서 살아 계시며 끊임없이 말씀하시고 그 능력이 대대로 이어지게 하셨다.

하나님의 호흡이 흙에 닿자 사람이 되었다. 하나님의 호흡이 사람에게 닿으면 흙으로 돌아간다. 인간들이 타락했을 때 하나님은 "너희 인생들은 돌아가라"고 말씀하심으로써 모든 인간의 죽음을 정하셨다(시 90:3). 추가로 더 말씀하실 게 없었다. 지구상 곳곳

세상을 채우는 그분의 음성은
성경보다 헤아릴 수 없는 세기를 앞서고,
창조의 새벽 이래로 한 번도 침묵한 적이 없으며,
지금도 여전히 우주의 가장 먼 곳까지
두루 울려 퍼진다.

하나님의 말씀은 빠르고 강력하다.
"하나님이 이르시되 …… 그대로 되니라."

하나님은 여기 계시고, 말씀하신다.

에서 끊임없이 이어지는 출생에서 죽음으로의 인류의 서글픈 행렬은 하나님의 처음 그 말씀으로 충분했음을 보여 주는 증거다.

우리는 "참빛이 있었습니다. 그 빛이 세상에 와서 모든 사람을 비추었습니다"라는 요한복음의 심오한 구절에 충분히 주목하지 않았다(요 1:9, 우리말성경). 구두점을 우리 마음대로 이리저리 옮겨도 여전히 이 구절에는 진실이 담겨 있다. 하나님의 말씀은 영혼의 빛으로 모든 사람의 마음에 영향을 미친다. 모든 사람의 마음에 빛이 비치고 하나님이 말씀하시면 그 음성을 피할 도리가 없다. 하나님이 살아 계시고 그분의 세계에 계신다면 이와 같은 일은 필연적으로 일어날 것이다. 그리고 요한은 그렇다고 말한다.

성경을 들어 본 적 없는 사람에게도 하나님은 충분히 명료하게 그분을 드러내셨기에 그들은 마음속으로 어떤 핑계도 댈 수 없다. "이런 이들은 그 양심이 증거가 되어 그 생각들이 서로 혹은 고발하며 혹은 변명하여 그 마음에 새긴 율법의 행위를 나타내느니라"(롬 2:15). "창세로부터 그의 보이지 아니하는 것들 곧 그의 영원하신 능력과 신성이 그가 만드신 만물에 분명히 보여 알려졌나니 그러므로 그들이 핑계하지 못할지니라"(롬 1:20).

고대 히브리인들은 하나님의 이 보편적 음성을 자주 "지혜"라고 불렀고, 이것이 어디서나 소리를 내고 온 땅에 울려 퍼지며 인간들의 반응을 얻고자 했다고 전했다. 잠언 8장은 이렇게 시작된다. "지혜가 부르지 아니하느냐 명철이 소리를 높이지 아니하느냐"(1절). 잠언 기자는 이어서 지혜를 "길가의 높은 곳과 네거리에서" 있는 아름다운 여인으로 그린다(2절). 그녀는 아무도 그 소리를 놓치지 않도록 사면팔방에서 목소리를 낸다(3절). "사람들아 내가 너희를 부르며 내가 인자들에게 소리를 높이노라"(4절). 이어서 지혜는 어수룩한 사람들과 미련한 사람들에게 자신의 말에 귀를 기울이라고 호소한다(5-6절). 이 하나님의 지혜는 사람들에게서 영적 반응을 얻고자 호소한다. 지혜는 언제나 이 반응을 구했으나 좀처럼 얻지 못한다. 우리의 영원한 행복이 듣는 일에 달려 있는데, 우리는 듣지 않도록 귀를 훈련시켜 왔으니 그야말로 비극이다.

하나님의 보편적 음성은 늘 울렸고, 사람들은 종종 그 음성 때문에 괴로워하면서도 정작 자신이 무엇을 두려워하는지 이해하지 못했다. 사람들의 마음에 살아 있는 안개처럼 배어드는 이 음성이 역사의 여명 이래 수백만 명이 고백했던 양심의 괴로움과 불멸을 향한 갈망을 일으킨 미지의 원인일 수 있을까? 우리는 이를 직시하는 걸 두려워할 필요가 없다. 말씀하시는 음성은 분명히 존재한다. 사람들이 그 음성에 어떻게 반응했는지는 모두가 안다.

하나님이 하늘에서 우리 주님께 말씀하셨을 때, 그 음성을 들은 자기중심적인 사람들은 그것을 자연적 원인들로 설명했다. 그들은 "천둥이 울었다"고 했다(요 12:29). 하나님의 음성을 자연법칙에 호소하여 설명하는 이런 습관은 현대 과학의 뿌리에 자리 잡고 있다. 살아 숨 쉬는 우주에는 너무 놀랍고 경이로워서 어떤 지성도 이해할 수 없는 신비로운 그 무엇이 있다. 신자는 그 모든 것을 이해한다고 주장하지 않는다. 그는 무릎을 꿇고 이렇게 속삭인다. "하나님."

땅에 속한 사람도 무릎을 꿇지만 예배하기 위해 그러는 것이 아니다. 그가 무릎을 꿇는 건 살피고 조사하고 무슨 원인으로 어떻게 생긴 일인지 찾기 위해서다. 지금 우리는 세속 시대에 살고 있다. 우리는 예배자가 아니라 과학자처럼 생각한다. 경배하기보다는 설명하려 든다. "천둥이 울었다"고 외치고 세속적 방식으로 움직인다. 그러나 하나님의 음성은 여전히 울리고 있으며, 듣는 귀를 찾는다. 세상의 질서와 생명이 그 음성에 달려 있건만, 사람들은 대체로 너무 바쁘거나 완고하여 거기에 주목하지 않는다.

우리 모두는 설명하기 힘든 경험을 한 적이 있다. 갑작스러운 고독감이나 우주의 광활함 앞에서 느끼는 경이감 또는 경외감은 또 어떤가. 때로는 다른 태양에서 온 것 같은 낯선 빛이 우리를 잠깐 동안 비출 때가 있다. 우리가 다른 세상에서 온 존재이고 우리의 기원은 하나님이라는 확신이 순식간에 번개처럼 주어진다. 우리가 그 순간에 보았거나 느꼈거나 들은 것은 학교에서 배운 내용과 정반대일 수도 있고 이전에 가졌던 모든 신념 및 견해와 많이 다를 수도 있다.

잠깐 구름이 걷히고 우리 눈으로 보고 우리 귀로 듣는 동안 우리는 기존에 습득했던 불신을 유예할 수밖에 없다. 이런 경험들을 자기가 설명하고 싶은 대로 설명하는 건 자유겠지만, 공정하게 다루었다고 말하려면 최소한 이 일들이 하나님이 세상에 임재하시고 인류와 소통하려고 끈질기게 노력하셔서 생겨난 결과물일 가능성 정도는 인정해야 할 것이다. 이 가설을 너무 경솔하게 무시하지 말자.

세상에서 인간이 만들어 낸 모든 선하고 아름다운 것은 세상에 들려오는 창조의 음성에 인간이 불완전하고 죄로 가로막힌 방식으로나마 반응한 결과라고 나는 믿는다(이 대목에서는 아무도 내게 동의하지 않는다 해도 괜찮다). 도덕 철학자들은 미덕이라는 고상한 꿈을 꾸었고, 종교 사상가들은 신과 불멸에 관해 추측했으며, 시인과 예술가들은 평범한 재료를 가지고 순수한 불후의 아름다움을 창조했다. 우리는 이들을 어떻게 설명할 수 있을까? "그들은 천재였다"고 말하는 것만으로 충분하지 않다. 도대체 천재라는 것이 무엇인가? 천재는 말씀하시는 음성에 사로잡혀 자신이 막연하게만 이해하는 목표를 달성하고자 홀린 듯이 애쓰고 노력하는 사람이 아닐까?

그런 노력의 와중에 그 위대한 사람이 하나님을 놓쳤을 수도 있고 하나님을 반대하는 말을 하거나 글을 썼을 수도 있지만, 그렇다고 해도 이 일에 관한 내 생각은 허물어지지 않는다. 믿음으로 구원받고 하나님과 평화를 누리기 위해서는 성경에 나오는 구속의 계시가 필요하다. 불멸을 향한 희미한 갈망이 우리를 안식과 만족을 주는 하나님과의 교제로 이끌려면 부활하신 구세주에 대한 믿음이 필요하다. 내가 볼 때 이것이 그리스도께서 주시는 모든 최고의 것에 대한 그럴듯한 설명이다. 그러나 선한 그리스도인이라도 이런 내 논지를 얼마든지 받아들이지 않을 수 있다.

하나님의 음성은 호의적이다. 그 음성에 저항하기로 이미 마음먹은 게 아니라면 거기에 귀 기울이기를 두려워할 필요가 없다. 예수님의 피가 인류뿐만이 아니라 온 피조 세계를 덮었다. "그의 십자가의 피로 화평을 이루사 만물 곧 땅에 있는 것들이나 하늘에 있는 것들이 그로 말미암아 자기와 화목하게 되기를 기뻐하심이라"(골 1:20). 우리는 천국이 호의적인 곳이라고 안심하고 선포해도 된다. 땅뿐 아니라 하늘도 가시떨기에 임하셨던 분의 선의로 충만하다. 대속의 온전한 피가 이 상태를 영원히 확보해 놓았다.

경청하는 사람은 누구나 천국의 음성을 듣게 될 것이다. 지금은 경청하라는 권고를 순순히 받아들이는 시대가 분명히 아니다. 오늘날 경청은 인기 있는 종교의 일부가 아니다. 우리는 경청의 정반대 지점에 서 있다. 소란스럽고 규모를 키우고 활동적이고 허세를 부리는 사람을 하나님이 귀하게 여기신다는 흉측한 이단적 주장을 교회가 받아들였다.

그러나 용기를 내도 될 것 같다. 하나님은 마지막 큰 싸움의 폭풍에 휘말려 옴짝달싹 못 하게 된 백성에게 이렇게 말씀하셨다. "너희는 가만히 있어 내가 하나님 됨을 알지어다"(시 46:10). 그리고 하나님은 지금도 이 말씀을 하신다. 마치 우리의 힘과 안전은 소란이 아니라 침묵 속에 있다고 말씀하시는 것만 같다.

가만히 있어 하나님을 섬기는 일은 중요하다. 혼자만의 시간을 내는 게 가장 좋은 선택지다. 성경을 펼쳐 놓고 있으면 더 좋다. 마음만 먹으면 우리는 이런 방식으로 하나님께 가까이 나아갈 수 있고 그분이 우리 마음에 말씀하시는 것을 듣기 시작할 수 있다.

보통 사람에게는 이 과정이 다음과 같이 이루어질 것이다. 먼저 하나님이 동산에서 거니시는 것 같은 소리가 들린다. 그다음에는 여전히 또렷하진 않지만 보다 알아들을 만한 음성이 들릴 것이다. 그리고 나서 성령께서 성경을 밝혀 주시는 행복한 순간이 찾아온다. 이전에는 소리에 불과했고 잘해야 음성이었던 것이 이제는 이해할 수 있는 말, 친한 친구의 소리처럼 따뜻하고 친밀하고 또렷한 말이 된다. 그러면 생명과 빛이 찾아올 테고, 무엇보다 예수 그리스도가 구주와 모든 것 되심을 인정하고 그분 안에서 안식하고 그분을 받아들일 수 있게 될 것이다.

하나님이 그분의 우주 안에서 분명히 말씀하신다는 확신이 들기 전까지 성경은 우리에게 결코 살아 있는 책으로 다가오지 않을 것이다. 세상을 죽어 있는 비인격적인 곳으로 여기던 상태에서 성경이 가르치는 교리로 넘어가는 건 대부분의 사람에게 너무나 버거운 일이다. 성경을 하나님의 말씀으로 받아들여야 한다는 것을 인정하고 그렇게 생각하려고 시도해도, 그 말씀이 실제로 자신을 위한 것이라고 믿어지지가 않는 것이다. 겉으로는 "이 말들은 내게 주어진 거야"라고 말할지 몰라도, 마음속에서는 그렇게 느껴지지 않거나 모를 수 있다. 그는 분열된 심리의 희생자다. 하나님을 책에서만 말씀하시고 다른 모든 곳에서는 침묵하시는 분으로 자꾸만 생각하게 된다.

내가 볼 때 우리 그리스도인의 불신앙은 상당 부분 진리의 성경에 대해 잘못 생각하고 잘못된 느낌을 갖는 데서 기인한다. 우리는 침묵하시는 하나님이 책에서 갑자기 말하기 시작하셨고 책이 끝나면서 다시 영원한 침묵으로 돌아가셨다고 생각한다. 성경을 하나님이 말씀하실 기분이 들었던 짧은 시간 동안의 기록이라고 생각하고 성경을 읽는 것이다. 그런 생각을 품고 있는데 어떻게 믿을 수 있겠는가?

그러나 하나님은 침묵하시지 않고 침묵하신 적도 없다. 말씀하시는 것이 하나님의 본성이다. 성 삼위일체의 제2위격인 성자 예수님은 "말씀"이라고 불리신다. 성경은 하나님의 지속적인 말씀이 만들어 낸 필연적 결과다. 성경은 하나님의 마음을 우리에게 친숙한 인간의 말로 옮긴 오류 없는 선포다.

성경이 한때 하나님이 말씀하신 책일 뿐 아니라 하나님이 지금도 이 책을 통해 말씀하신다는 생각을 가지고 성경에 접근한다면 종교적 안개를 뚫고 신세계가 튀어나올 것이다. 선지자들은 흔히 "여호와께서 이와 같이 말씀하시니라"고 말했다. 그들은 하나님의 말씀하심이 지속적인 현재형이라는 사실을 청중이 이해하길 원했다. 과거 시제를 적절히 사용해서 특정한 시간에 특정한 하나님의 말씀이 선포됐음을 나타낼 수 있겠지만, 일단 선포된 하나님의 말씀은 현재형으로 계속 남게 된다. 태어난 아이가 계속 살아가고, 창조된 세계가 계속해서 존재하는 것처럼 말이다. 그러나 이 두 경우는 불완전한 사례다. 언젠가는 그 아이는 죽고 세상은 불타버리지만 "우리 하나님의 말씀은 영원히 서" 있을 것이기 때문이다 (사 40:8).

주님을 알고자 한다면, 성경이 우리에게 말하기를 기대하면서 당장 그 책을 펴 들라. 성경을 우리의 편의대로 쥐고 흔들 수 있는 물건이라고 생각하지 말라. 성경은 물건 이상의 것이다. 그것은 음성이고, 말이며, 살아 계신 하나님의 진정한 말씀이다.

주님, 제게 경청하는 법을 가르치소서.
이 시대는 시끄럽고,
제 귀를 끊임없이 공격하는
수천 개의 시끌벅적한 소리들 때문에
저는 지쳤습니다.

주님을 향해 "여호와여 말씀하옵소서
주의 종이 듣겠나이다"라고 말했던
소년 사무엘의 마음을 제게 주소서(삼상 3:9).
주님이 제 마음에 주시는 말씀을 듣게 하소서.
주님의 음성에 제가 익숙해지고
그 어조에 친숙해지게 하소서.

그리하여 세상의 소리들이 잦아들고
주님의 말씀하시는 음성만이
음악 소리처럼 들려오게 하소서.
예수님의 이름으로 기도합니다. 아멘.

CHAPTER 7

영혼의 눈을 들어
구주를 응시하며

✦ 평생 멈출 수 없는 믿음 연습

믿음의 창시자요, 완성자이신
예수를 바라봅시다.
히브리서 12장 2절, 우리말성경

6장에서 언급했던 지성을 갖춘 평범한 사람이 처음 성경을 읽는 풍경을 생각해 보자. 그는 아무런 사전 지식 없이 성경에 다가선다. 그에게는 어떤 선입견도 없다. 입증할 것도, 지킬 것도 없다.

그런 사람은 성경을 그리 오래 읽지 않아도 특정한 진리들이 성경 지면에 두드러지게 나타나는 것을 보게 될 것이다. 그 진리들은 하나님이 사람들과 맺으시는 관계의 기록 배후에 있는 영적 원리들이고, "성령의 감동하심을 받은" 거룩한 사람들의 글에 반영되어 있다(벧후 1:21). 그는 성경을 읽어 나가면서 이 진리들이 선명하게 이해될 때마다 하나씩 번호를 매기고 각 번호 아래 내용을 간략히 요약하고 싶어질 수 있다. 그것들이 그가 발견한 성경의 교리일 것이다. 성경을 더 읽어 나가도 내용이 확장되고 심화될 뿐 요점이 달라지지는 않을 것이다. 그는 그렇게 성경이 실제로 가르치는 내용을 알아 간다.

성경이 가르치는 내용 목록의 상위에는 '믿음'의 교리가 있을 것이다. 성경이 믿음에 부여하는 중요성은 너무나 분명하기 때문에 그는 그것을 놓치지 않을 것이다. 그리고 아마도 다음과 같은 결론을 내릴 것이다. 믿음은 영혼의 삶에서 가장 중요하다. 믿음이 없으면 하나님을 기쁘시게 할 수 없다. 믿음이 있으면 무엇이든 얻을 수 있고 하나님 나라에서 어디든 갈 수 있다. 하지만 믿음이 없으면 하나님께 나아갈 수 없고, 용서도 해방도 구원도 교제도 영적 생명도 없다.

우리의 이 친구가 히브리서 11장에 이를 무렵이면 거기 실린 믿음에 대한 유려한 찬사가 이상해 보이지 않을 것이다. 그는 로마서와 갈라디아서에서 바울이 믿음을 강력하게 변호한 대목을 읽었을 것이다. 나중에 그가 더 나아가 교회사를 공부한다면 기독교에서 믿음의 중심적 위치를 보여 준 종교개혁자들의 가르침에 담긴 놀라운 힘을 이해하게 될 것이다.

그런데 이 믿음이 그토록 결정적으로 중요하다면, 이것이 하나님을 추구하는 데 없어서는 안 될 필수 요소라면, 우리가 이 가장 귀한 선물을 보유하고 있는지에 지대한 관심을 가져야 함은 너무도 당연한 일이다. 그리고 우리 정신의 특성상, 조만간 믿음의 본질에 대해서도 반드시 묻게 될 것이다. "믿음은 무엇인가?"라는 질문은 "나에겐 믿음이 있는가?"라는 질문과 멀지 않을 테고, 우리는 어디서든 답을 찾을 만한 곳에서 답을 요구하게 될 것이다.

믿음을 주제로 설교를 하거나 글을 쓰는 사람들은 대개 상당히 비슷한 내용을 말하게 된다. 그들은 믿음이란 약속을 믿는 일이고, 하나님의 말씀을 그대로 믿는 일이며, 성경이 참이라고 여기고 그에 의거하여 걸음을 내딛는 일이라고 말한다. 그들의 책이나 설교의 나머지 부분은 흔히 믿음의 결과로 기도의 응답을 받은 사람들 이야기로 채워진다. 이 응답들은 대체로 건강, 돈, 물리적 보호나 사업의 성공 같은 실제적이고 일시적인 성격의 직접적인 선물이다. 설교자나 저자가 철학적 정신의 소유자라면 다른 방향으로 갈 수도 있다. 가느다란 머리카락을 마침내 부스러기로 사라져 버릴 때까지 가르고 또 가르듯이 믿음을 정의하고 재정의하면서 엄청난 분량의 형이상학적 주장으로 우리를 길 잃게 하거나 심리학 전문용어로 우리를 혹하게 만들 수도 있다. 이 경우, 설교나 책이 끝나면 우리는 실망한 채 일어나 "들어갔던 문으로 그대로"[4] 나오게 된다. 이보다 나은 설명이 분명히 있을 것이다.

성경에는 믿음을 정의하려는 어떤 시도도 사실상 없다. 히브리서 11장 1절의 짤막한 정의 외에 내가 아는 믿음에 관한 성경의 정의는 없고, 히브리서의 그 대목에서조차 믿음을 철학이 아니라 기능적으로 정의한다. 즉, '믿음의 본질이 무엇인가'가 아니라 '믿음은 어떻게 작동하는가'를 진술한다. 믿음이 무엇인지 말하지 않고, 믿음의 존재를 전제하고 믿음에 어떤 결과가 따라오는지 잘 보여 준다.

우리도 그만큼만 [진도를] 나가고 더는 나가지 않는 게 지혜로울 것이다. 성경은 믿음이 어디에서 나오고 어떤 수단으로 주어지는지 말해 준다. "[우리가] 믿게 된 것조차도 …… 하나님께서 주신 선물"이다(엡 2:8, 현대어성경). "믿음은 들음에서 나며 들음은 그리스도의 말씀으로 말미암았느니라"(롬 10:17). 이는 아주 분명한 사실이고, 토마스 아 켐피스의 말을 조금 바꾸어서 이렇게 표현할 수 있다. "나는 믿음의 정의를 알기보다 믿음을 행사하는 쪽을 택하겠다."

여기서부터 독자는 "믿음은 _____이다"라는 말이나 이에 준하는 표현이 나오면 믿는 자가 행사하는 믿음이 어떻게 작동하는지를 가리키는 것으로 이해하면 된다. 이제부터는 믿음을 정의한다는 발상을 다 버리고, 우리가 실제로 경험할 수 있는 믿음에 대해 생각할 것이다. 이론적인 것이 아니라 실제적인 방식으로 생각하고자 한다.

우리는 민수기의 극적인 이야기에서 믿음이 행동으로 나타나는 것을 볼 수 있다(민 21:4-9). 이스라엘은 낙심했고 하나님을 원망했다. 그런 그들 사이에 주님은 불뱀을 보내셨다. "여호와께서 불뱀들을 백성 중에 보내어 백성을 물게 하시므로 이스라엘 백성 중에 죽은 자가 많은지라"(6절). 그러자 모세는 그들을 위해 간구했고 하나님은 그의 기도를 들으시고 뱀에게 물렸을 때의 치료법을 알려 주셨다. 하나님은 모세에게 놋뱀을 만들어 모든 백성이 볼 수 있게 장대에 매달라고 명하셨다. "물린 자마다 그것을 **보면** 살리라"(8절). 모세는 그 명령에 즉시 순종했다. "뱀에게 물린 자가 놋뱀을 쳐다본즉 모두 살더라"(9절).

역사의 이 중요한 한 조각에 대한 해석이 다름 아닌 우리 주 예수 그리스도의 입을 빌려 등장한다. 이 대목에서 예수님은 청중에게 구원받는 법을 설명하시면서 그 구원이 믿음으로 이루어진다고 말씀하신다. 이어서 그 내용을 분명하게 나타내시고자 민수기의 이 사건을 거론하신다. "모세가 광야에서 뱀을 든 것같이 인자도 들려야 하리니 이는 그를 **믿는** 자마다 영생을 얻게 하려 하심이니라"(요 3:14-15).

이 대목을 읽을 때 우리 평범한 사람은 중요한 발견을 할 것이다. '보다'와 '믿다'가 동의어라는 데 주목하게 될 것이다. 구약성경에서 뱀을 '보는 것'은 신약성경에서 그리스도를 '믿는 것'과 동일한 행위다. 즉, '보는 것'과 '믿는 것'은 같은 것이다. 그리고 그는 이스라엘 백성은 외적인 눈으로 보았지만, 믿는 일은 마음으로 이루어진다는 점을 이해할 것이다. 그는 믿음이 '구원하시는 하나님을 향한 영혼의 응시'라는 결론을 내릴 것이다.

이를 이해하면 그가 전에 읽었던 구절들이 떠오를 것이고 그 구절들의 의미가 홍수가 밀려들 듯 깨달아질 것이다. "그들이 주를 앙망하고 광채를 내었으니 그들의 얼굴은 부끄럽지 아니하리로다"(시 34:5). "하늘에 계시는 주여 내가 눈을 들어 주께 향하나이다 상전의 손을 바라보는 종들의 눈같이, 여주인의 손을 바라보는 여종의 눈같이 우리의 눈이 여호와 우리 하나님을 바라보며 우리에게 은혜 베풀어 주시기를 기다리나이다"(시 123:1-2). 이 구절들에서 자비를 구하는 사람은 자비로우신 하나님을 똑바로 바라보고 그분이 자비를 베푸실 때까지 시선을 거두지 않는다.

그리고 무엇보다 우리 주 예수님이 항상 하나님을 바라보셨다. "하늘을 우러러 축사하시고 떡을 떼어 제자들에게 주시매 제자들이 무리에게 주니"(마 14:19). 정말이지 예수님은 언제나 내면의 눈으로 아버지를 보심으로 그분의 일을 하신다고 가르치셨다. 그분의 능력은 끊임없이 하나님을 바라보는 데 있었다(요 5:19-21).

앞서 인용한 몇 개의 본문은 성령의 감동으로 기록된 말씀의 전체적 취지와 완전히 일치한다. 그 취지는 히브리서에 요약되어 있고 우리에게 "믿음의 창시자요, 완성자이신 예수를 바라[보며]" 인생의 경주를 하라고 가르친다(히 12:2, 우리말성경). 이 모든 내용에서 우리는 믿음이 일회적 행동이 아니라 삼위일체 하나님을 향한 마음의 지속적 응시라는 것을 알게 된다.

그렇다면 믿는 것은 곧 마음의 관심을 예수님께 두는 일이다. 마음을 들어 올려 '하나님의 어린양을 보는 것'이고 남은 평생 동안 그 일을 멈추지 않는 것이다. 처음에는 이것이 어려울 수 있지만, 경이로운 그분을 무리하지 않고 차분하게 꾸준히 바라보다 보면 점점 쉬워진다. 딴생각이 방해 거리가 될 수 있지만, 일단 마음을 하나님께 바치면, 잠시 딴생각을 했다가도 다시 주의를 되찾고 그분께 주목하게 된다. 새가 여기저기 떠돌다가도 둥지 튼 창으로 되돌아오는 것처럼 말이다.

이 한 번의 헌신, 예수님을 영원히 응시하겠다는 의사(意思)를 확고히 하는 한 번의 커다란 의지적 행위를 강조하고 싶다. 하나님은 이 의사를 우리의 선택으로 받으시고, 우리의 주의가 1,000번이나 분산되어 악한 세상에 갇혀도 너그럽게 사정을 헤아리신다. 하나님은 우리가 예수님께 마음의 방향을 정했다는 것을 아신다. 우리도 그것을 알 수 있고, 영혼의 습관이 형성되고 있다는 사실에서 위안을 얻을 수 있다. 얼마 후면 그 습관은 더는 의식적 노력이 필요 없는 일종의 영적 반사작용으로 자리 잡을 것이다.

믿음은 가장 덜 자기중심적인 덕목이다. 믿음은 그 본질상 자신의 존재를 거의 의식하지 않는다. 앞에 있는 모든 것을 보지만 자신은 절대 보지 않는 눈처럼, 믿음은 그 대상에 몰두하고 자신에겐 전혀 주목하지 않는다. 우리가 하나님을 보는 동안에는 우리 자신을 보지 않는다. (자신이 안 보이는) 그 복된 후련함이란.

자신을 정화하려고 애쓰지만 실패만 반복했던 사람이 자기 영혼을 만지작거리던 시도를 중단하고 완전하신 분께로 시선을 돌리면 진정으로 안도하게 될 것이다. 그렇게 그리스도를 바라보노라면, 어떻게든 해내려고 오랫동안 시도했던 일들이 그분 안에서 이루어질 것이다. 하나님이 그 사람 안에서 일하셔서 소원을 품고 행하게 하실 것이다(빌 2:13).

믿음 자체는 공로가 되는 행위가 아니다. 공로는 믿음이 향하는 대상이 되시는 분께 있다. 믿음은 우리 시선의 방향을 조정하는 일, 자신을 향하던 초점을 하나님께 맞추는 것이다. 죄는 우

자신을 정화하려고 애쓰지만 실패만 반복했던 사람이
자기 영혼을 만지작거리던 시도를 중단하고
완전하신 분께로 시선을 돌리면
진정으로 안도하게 될 것이다.

그렇게 그리스도를 바라보노라면,
어떻게든 해내려고 오랫동안 시도했던 일들이
그분 안에서 이루어질 것이다.
하나님이 그 사람 안에서 일하셔서
소원을 품고 행하게 하실 것이다.

리 내면의 시야를 왜곡시키고 자기중심적이 되게 했다. 불신은 하나님이 계셔야 할 곳에 자아를 두게 했고, "하나님의 뭇 별 위에 내 자리를 높이리라"고 했던 루시퍼의 죄에 위험할 정도로 근접하게 이끌었다(사 14:13). 믿음은 자기 내부가 아니라 바깥을 바라보는 것이고, 삶 전체를 거기에 맞추는 것이다.

이 모든 것이 너무 단순하게 보일 수 있다. 그러나 우리는 뭔가를 덧붙일 필요가 없다. 하나님은 도움을 찾아 하늘로 올라가거나 지옥으로 내려가려는 이들에게 이렇게 말씀하신다. "말씀이 네게 가까워 …… 곧 …… 믿음의 말씀이라"(롬 10:8). 이 말씀은 눈을 들어 주님을 바라보라고 우리를 설득한다. 주님을 바라볼 때 믿음의 복된 역사가 시작된다.

우리 내면의 눈을 들어 하나님을 응시하면, 우리를 바라보시는 하나님의 다정한 눈을 틀림없이 만날 것이다. 주님의 눈이 온 땅을 두루 살핀다고 성경에 적혀 있기 때문이다(대하 16:9). 하갈은 자신이 경험한 바를 이렇게 고백한다. "주는 나를 보시는 하나님"(창 16:13, 우리말성경). 영혼의 눈이 바깥을 내다보고 우리를 들여다보시는 하나님의 눈과 만날 때, 천국이 바로 여기 이 땅에서 시작된다.

400년 전에 니콜라우스 쿠자누스[15세기 독일의 철학자, 신학자, 법학자, 수학자]는 이렇게 썼다. "제 모든 노력이 주님을 향하는 것은 주님의 모든 노력이 저를 향하기 때문입니다. 제가 주님만 바라보고 제 마음의 눈이 주님을 떠나지 않는 것은 주께서 한결같은 시선으로 저를 감싸기 때문입니다. 제 사랑을 주께로 향하는 것은 오로지 사랑 자체이신 주께서 제게만 향하시기 때문입니다. 주님, 주님의 포옹이 제 생명이 아니면 무엇입니까? 그 포옹 안에 주님의 기분 좋은 달콤함이 너무도 큰 사랑으로 저를 안아 주지 않습니까?"[5]

이 하나님의 사람에 관해 좀 더 이야기하고 싶다. 그는 오늘날 기독교 신자들 사이에서 거의 알려져 있지 않고, 현대의 근본주의자들 사이에서는 전혀 알려지지 않은 이름이다. 나는 니콜라우스 같은 영적 특징을 가진 사람들 및 그들이 대표하는 기독교 사상의 관점을 우리가 조금만 접해도 큰 유익을 얻을 거라고 생각한다.

어떤 기독교 문서가 이 시대 복음주의 지도자들에게 받아들여지고 인정받기 위해서는 그들과 동일한 생각의 흐름, 일종의 '기본 노선'을 세심하게 따라야 한다. 그 노선에서 벗어나는 것은 그리 안전하지 않다. 이런 상황이 미국에서 반세기에 걸쳐 펼쳐지는 동안 우리는 안일해졌고 자기만족에 빠졌다. 비굴한 헌신으로 서로를 모방하고, 격렬한 노력을 기울여 주위의 모든 사람이 하고 있는 말을 똑같이 하려고 한다. 남들이 다 하는 말을 또 하려면 뭔가 핑계가 있어야 하니까, 인정받는 주제에 안전하게 약간의 변형을 준다거나 새로운 사례를 추가한다.

니콜라우스는 그리스도를 진정으로 사랑하며 따르는 제자였다. 그분께 말 그대로 찬란하게 빛나는 헌신을 보여드린 사람이었다. 그의 신학은 정통적이면서도 예수님과 관련된 모든 것에서 기대할 법한 방식으로 향기롭고 감미로웠다. 그의 영생 개념은 그 자체로 아름답고, 내가 오해한 게 아니라면 오늘날 유행하는 그 어떤 이론보다 요한복음 17장 3절[6] 정신에 더 가깝다.

니콜라우스의 말을 들어 보자. 영생은 "주께서 저를 끊임없이 바라보시는, 곧 제 영혼의 은밀한 곳마저 줄곧 바라보시는 그 복된 시선입니다. 주께는 보시는 것이 곧 생명을 주시는 일입니다. 가장 감미로운 사랑을 끊임없이 나누어 주시는 일입니다. 사랑을 나누어 주심으로 제가 주를 향한 사랑으로 타오르게 하시는 일이고, 타오르게 하심으로 저를 먹이시는 일이며, 먹이심으로 제 열망에 불을 붙이시는 일이고, 불붙이심으로 제가 기쁨의 이슬을 마시게 하시는 일이고, 마시게 하심으로 제 안에 생명의 샘이 스며들게 하시는 일이며, 스며들게 하심으로 생명의 샘이 마르지 않고 더 풍성히 솟아나게 하시는 일입니다."[7]

그런데 과연 믿음이 하나님을 향한 마음의 응시고, 이 응시가 내면의 눈을 들어 모든 것을 보시는 하나님의 눈과 만나는 일이라면, 믿음은 사람이 할 수 있는 가장 쉬운 일 중 하나라는 결론이 따라온다. 이는 하나님이 가장 중요한 것을 쉽게 만드시고 그것을 우리 중 가장 약하고 궁핍한 사람들도 닿을 수 있는 범위 안에 두시는 것과 같다고 할 수 있다.

우리는 이 모든 내용에서 몇 가지 결론을 합당하게 끌어낼 수 있을 것이다. 예를 들면, 믿는 것의 단순함이다. 믿는 것은 곧 보는 것이기에, 특별한 장비나 종교 용품 없이도 실천할 수 있다. 하나님은 생사가 달린 단 한 가지 본질적인 일이 변덕스러운 우연에 좌우되지 않도록 조치를 취하셨다. 장비는 고장 나거나 분실될 수 있고 물은 샐 수 있고 기록은 화재로 파손될 수 있고 목사는 늦을 수 있고 교회는 불에 타 버릴 수 있다. 이것들은 영혼에 외적인 것이고, 사고나 기계적 고장으로 영향을 받을 수 있다. 그러나 보는 것은 마음에 속한 일이므로 누구라도 서서든 무릎을 꿇고서든, 심지어 가장 가까운 교회와 1,000마일이나 떨어진 곳에서 임종의 고통을 겪으며 누운 상태에서도 성공적으로 수행할 수 있다.

믿는 것은 보는 일이기에 '언제라도' 가능하다. 그 무엇보다 소중한 이 행위를 하는 데 따로 더 나은 시기는 없다. 하나님은 구원이 월삭(초하루)이나 절기나 안식일에 의존하게 만들지 않으셨다. 8월 3일 토요일이나 10월 4일 월요일보다 부활주일이 그리스도께 더 가까운 게 아니다. 그리스도께서 중보의 보좌에 앉아 계시는 한, 매일이 좋은 날이고 모든 날이 구원의 날이다.

하나님을 믿는 이 복된 일에는 '장소'도 문제가 되지 않는다. 마음을 들어 예수님께 바치면 우리가 있는 곳이 침대차든 공장이든 주방이든 그곳이 즉시 성소가 된다. 하나님을 사랑하고 그분께 순종하기로 마음을 먹으면 어디서든 하나님을 바라볼 수 있다.

그런데 누군가 이렇게 물을 수 있다. "당신이 말하는 이 일은 믿는 것은 보는 일이기에 '언제라도' 가능하다.
그 무엇보다 소중한 이 행위를 하는 데
따로 더 나은 시기는 없다.
하나님은 구원이 월삭(초하루)이나
절기나 안식일에 의존하게 만들지 않으셨다.
8월 3일 토요일이나 10월 4일 월요일보다
부활주일이 그리스도께 더 가까운 게 아니다.

그리스도께서 중보의 보좌에 앉아 계시는 한,
매일이 좋은 날이고
모든 날이 구원의 날이다.

직업상 조용한 묵상에 전념할 여유가 있는 수도사나 목사 같은 특별한 사람들을 위한 것이 아닙니까? 나 같은 바쁜 노동자는 혼자 있을 시간이 거의 없어요." 내가 말하는 삶은 직업과 관계없이 모든 하나님의 자녀에게 가능하다. 이렇게 대답할 수 있어서 참 기쁘다. 사실, 열심히 일하는 많은 사람이 이 일을 행복하게 실천하고 있고 그 누구에게도 불가능하지 않다.

많은 사람이 내가 말하는 이 믿음의 비밀을 발견했고, 내면의 상태가 어떻든 크게 개의치 않고 내면의 눈으로 하나님을 응시하는 이 습관을 계속해서 실천한다. 그들은 마음속의 뭔가가 하나님을 본다는 것을 안다. 세상의 일들을 처리하느라 하나님을 향한 의식적 관심을 거둘 수밖에 없을 때도 그들 내면에서는 은밀한 교제가 계속되고 있다. 그들은 집중해야 하는 업무에서 한동안 벗어날 때 바로 하나님께 날듯이 되돌아간다. 이는 많은 그리스도인이 증언하는 내용이다. 증인 수가 너무 많아 이 말을 하면서도 누군가의 말을 인용하는 것 같은 기분이 든다. 물론 이루 다 헤아릴 수 없을 만큼 많은 증인 가운데 누가 이 말을 했는지, 몇 사람이나 말했는지는 알 도리가 없다.

통상적인 은혜의 수단이 무가치하다는 인상을 남기고 싶지는 않다. 은혜의 수단들이 가치 있음은 너무나 분명하다. 그리스도인은 누구나 개인 기도를 해야 한다. 오랜 기간의 성경 묵상은 우리의 시선을 정화하고 방향을 잡아 줄 것이다. 교회 출석은 우리의 시각을 넓혀 주고 다른 이들에 대한 사랑이 커지게 할 것이다. 예배와 봉사와 활동. 이 모두는 선하고 모든 그리스도인이 여기에 참여해야 한다. 그러나 이 모든 일의 바탕에서 그 모두에 의미를 부여하는 것은 하나님을 바라보는 내면의 습관일 것이다. (말하자면) 새로운 눈이 우리 내면에서 생겨날 것이다. 그러면 외적인 눈이 일시적인 세상의 장면들을 보는 동안에도 우리는 그 내면의 눈에 힘입어 하나님을 바라볼 수 있다.

누군가는 우리가 개인적인 신앙을 지나치게 과장하고 신약성경의 '우리'를 이기적인 '나'로 대체하고 있다고 우려할 수 있다. 그러나 동일한 소리굽쇠로 조율한 100대의 피아노는 자동적으로 서로 음이 맞게 마련이라는 생각을 해 본 적이 있는가? 그 피아노들은 서로의 음에 맞추어 조율되는 게 아니라 각각의 피아노가 개별적으로 받아들여야 하는 절대적 기준이 있다. 각각 그리스도를 바라보며 한데 모인 100명의 예배자도 이와 같다.

그들의 마음은 서로 대단히 가깝다. 그들이 '일치'의 필요성을 자각하고 하나님에게서 눈을 돌려 서로 더 긴밀한 친교를 추구한다 해도 이보다 더 가까워질 수는 없다. 개인의 신앙이 정화될 때 공동체의 신앙이 완전해진다. 몸을 이루는 지체들이 더 건강해져야 몸이 더 튼튼해진다. 하나님의 교회를 구성하는 지체들이 더 낫고 고귀한 삶을 추구하면 교회 전체가 유익을 얻는다.

지금까지 말한 모든 내용은 참된 회개와 하나님께 바치는 온전한 삶의 헌신을 전제로 한다. 이에 관해서는 언급할 필요조차 없을 것이다. 그런 헌신을 한 사람들만 여기까지 읽었을 테니.

내면으로 하나님을 응시하는 습관이 자리를 잡을 때 우리는 하나님의 약속 및 신약성경의 분위기에 좀 더 부합하는 새로운 수준의 영적 삶으로 들어서게 될 것이다. 우리의 발이 사람들 사이에서 소박한 의무를 이행하는 낮은 길을 걸어가는 동안에도 삼위일체 하나님은 우리의 거처가 되실 것이다. 우리는 삶의 '최고선'(summum bonum)을 참으로 발견하게 될 것이다. "바랄 수 있는 모든 기쁨의 근원이 있습니다. 이보다 더 나은 것은 인간도 천사도 생각할 수 없고, 어떤 형태로도 존재할 수 없습니다! 이것은 합리적으로 바랄 수 있는 모든 것의 절대적 극대치이고, 더 큰 것은 있을 수 없기 때문입니다."[8]

오, 주님, 주님을 바라보고 만족을 얻으라는
초청을 들었습니다.
제 마음은 그 초청에 응하기를 바라지만,
죄가 제 시야를 흐리게 해
주님이 희미하게만 보입니다.

부디 주님의 보혈로 저를 깨끗이 씻어 주시고
제 내면을 정결하게 하소서.
그리하여 제가 지상에서 순례하는 모든 나날 동안
수건을 벗은 눈으로 주님을 응시하게 하소서.

그러면 저는 주님이 나타나시어
성도들 사이에서 영광을 받으시고
모든 믿는 자들의 찬사를 받으실 날에
온전한 광채 가운데 주님을 볼 준비가 될 것입니다.
예수님의 이름으로 기도합니다. 아멘.

CHAPTER 8

창조주는 창조주 자리, 피조물은 피조물 자리로

✦ 모두가 행복해지는 영적 제자리 찾기

오 하나님이여,
하늘보다 높임을 받으시고
주의 영광이 온 땅을 덮게 하소서.
시편 57편 5절, 우리말성경

자연의 질서가 올바른 관계에 의존한다는 말은 자명한 진술이다. 조화를 이루기 위해서는 각 사물이 다른 사물과의 관계에서 올바른 위치에 있어야 한다. 인간의 삶도 다르지 않다.

나는 이 책의 앞부분에서 모든 인간 불행의 원인은 도덕적 대혼란, 인간과 하나님의 관계 및 인간 상호 간의 관계가 뒤집힌 데 있음을 암시했다. 타락이 다른 여러 결과도 낳았겠지만, 인간과 그 창조주의 관계를 급격히 바꿔 놓은 사건인 것만은 분명하다. 인간이 하나님을 대하는 태도가 달라졌고, 그로 인해 올바른 창조주-피조물의 관계가 파괴됐다. 인간은 그 관계에 자신의 참된 행복이 있음을 몰랐던 것이다. 본질적으로 구원은 인간과 창조주의 올바른 관계를 회복하는 일, 정상적인 창조주-피조물 관계로의 복귀다.

만족스러운 영적 삶은 하나님과 죄인의 관계가 완전히 바뀌어야 시작될 것이다. 법적인 변화만이 아니라 죄인의 본성 전체에 영향을 끼치는 의식적이고 경험적인 변화가 있어야 한다. 대속의 능력이 있는 예수님의 피는 그런 변화가 법적으로 가능하게 만들고 성령의 사역은 그 변화로 정서적 만족을 느끼게 한다.

탕자 이야기는 후자를 보여 주는 완벽한 그림이다. 탕자는 아버지의 아들로서 당연하게 누렸던 지위를 포기함으로써 엄청난 곤경을 자초했다. 근본적으로 그의 회복은 태어날 때부터 존재했던 부자(父子) 관계, 악한 반항의 행위로 잠시 달라졌던 그 관계가 재확립된 것일 뿐이었다. 이 이야기는 구원의 법적 측면을 간과하고 있지만, 구원의 경험적 측면은 분명하고도 아름답게 보여 준다.

관계를 설정하기 위해서는 어딘가에서 시작해야 한다. 다른 모든 것을 측정하는 기준이 되는 고정된 중심점이 어딘가에 있어야 한다. 상대성 법칙이 적용되지 않고 예외 없이 "그렇다"고 말할 수 있는 중심점은 바로 하나님이다. 하나님이 인류에게 이름을 알리실 때 "스스로 있는 자"(I AM)보다 더 나은 말을 찾으실 수 없었다. 하나님이 일인칭으로 말씀하실 때 "스스로 있는 자"라고 하신다. 우리가 하나님에 대해 말할 때는 "스스로 계신 분"(He is)이라고 부른다. 우리가 하나님께 직접 말씀드릴 때는 "스스로 계신 주여"(Thou art)라고 부른다. 다른 모든 사람, 모든 것은 이 고정점을 기준으로 측정한다. 하나님은 "나는 스스로 있는 자"라고 말씀하신다(출 3:14). "나 여호와는 변하지 아니〔한다〕"고 말씀하신다(말 3:6).

뱃사람이 태양의 '고도를 재서' 바다에서의 위치를 파악하듯, 우리는 하나님을 바라봄으로써 자신의 도덕적 위치를 확인한다. '하나님'에서 시작해야 한다. 하나님과의 관계에서 올바른 위치에 있을 때, 우리는 그때만 옳다. 그 외의 다른 위치에 있다면 거기에 계속 머무는 한 우리는 잘못된 상태다.

하나님을 추구하는 그리스도인이 겪는 어려움은 상당 부분 하나님을 있는 그대로 받아들이고 그에 따라 각자의 삶을 조정하길 주저하는 데서 나온다. 우리는 하나님을 수정하고 그분을 우리 자신의 모습과 더 가깝게 만들려는 시도를 고집한다. 육신은 하나님의 바꿀 수 없는 엄격한 선고에 맞서 훌쩍이고, 자비를 좀 베풀어 달라고 육적인 방식을 좀 누리게 해 달라고 아각처럼 간청한다. 그러나 소용 없는 일이다. 하나님을 있는 그대로 수용하고 그분의 있는 모습 그대로를 사랑하는 법을 배움으로써만 제대로 시작할 수 있다.

하나님을 계속 알아 가다 보면 그분의 모습이 지금과 같다는 데서 말할 수 없는 기쁨을 얻게 될 것이다. 경건하게 그분을 흠모하며 보내는 시간에 더없이 황홀한 순간들을 맞이할 것이다. 그런 거룩한 순간에는 하나님이 변하신다는 생각만 해도 견디기 힘들 만큼 고통스러워질 것이다.

그러니 '하나님'에서 시작하자. 모든 것 배후에, 모든 것 위에, 모든 것에 앞서서 하나님이 계신다. 순서상 첫 번째시고, 지위와 신분이 〔비할 데 없이〕 높으시며, 위엄과 영광이 드높으시다. 자존하시는 하나님이 만물에 존재를 부여하셨고, 만물은 하나님에게서 나와 하나님을 위해 존재한다. "우리 주 하나님이여 영광과 존귀와 권능을 받으시는 것이 합당하오니 주께서 만물을 지으신지라 만

뱃사람이 태양의 '고도를 재서'
바다에서의 위치를 파악하듯,
우리는 하나님을 바라봄으로써
자신의 도덕적 위치를 확인한다.
'하나님'에서 시작해야 한다.

하나님과의 관계에서 올바른 위치에 있을 때,
우리는 그때만 옳다.
그 외의 다른 위치에 있다면
거기에 계속 머무는 한 우리는 잘못된 상태다.

물이 주의 뜻대로 있었고 또 지으심을 받았나이다"(계 4:11).

모든 남자, 여자, 아이까지 다 하나님께 속했고 그분의 기쁘신 뜻대로 존재한다. 하나님이 누구시고 어떤 분이시며 우리가 누구고 어떤 존재인지 고려할 때, 하나님과 우리 사이에 생각할 수 있는 유일한 관계는 그분이 온전히 다스리시고 우리는 전적으로 순복하는 형태다. 우리는 힘이 닿는 한 모든 영광을 하나님께 돌려야 한다. 우리의 영원한 슬픔은 하나님께 제대로 영광을 돌리지 못하는 데 있다.

하나님을 추구하려 한다면 전 인격을 그분의 위격에 맞추려는 수고가 있어야 한다. 법적으로가 아니라 실제적으로 말이다. 이는 그리스도를 믿음으로 의롭다 함을 받는 교리를 말하는 게 아니다. 우리를 다스리는 합당한 자리로 하나님을 자발적으로 드높이고, 창조주-피조물의 관계에 합당하게 예배하며 순복하는 자리로 우리의 전 존재를 기꺼이 내려놓는 것을 말한다.

이렇게 하나님을 모든 것 위로 드높이기로 결정하는 순간, 우리는 세상의 행렬에서 빠져나온다. 세상의 길과 어긋나는 자신을 발견할 것이고 거룩한 길에서 진보할수록 점점 더 그렇게 될 것이다. 새로운 관점을 얻게 될 것이다. 우리 안에는 새롭고 다른 심리가 형성될 것이다. 새로운 힘이 솟구치고 그것이 밖으로 나타나 깜짝 놀라게 될 것이다.

세상과의 단절은 하나님과의 관계가 달라진 데서 나타나는 직접적 결과일 것이다. 타락한 인간들의 세상은 하나님을 영화롭게 하지 않기 때문이다. 수백만의 사람들이 하나님을 믿는다고 자처하고 형식적으로 하나님께 존경을 표하는 것은 사실이지만, 간단한 시험을 해 보면 하나님이 그들 사이에서 얼마나 존경받지 못하시는지가 드러날 것이다. "어느 쪽이 더 높은가?" 하는 질문을 시험대로 삼으면 그들의 진짜 입장이 낱낱이 드러나리라. 하나님과 돈, 하나님과 사람들, 하나님과 개인적 야심, 하나님과 자아, 하나님과 인간적 사랑 사이에서 하나를 선택할 수밖에 없는 상황으로 몰아 보라. 그러면 하나님은 매번 두 번째일 것이다. 그들은 하나님보다 다른 것들을 더 떠받들 것이다. 아니라고 아무리 항변해도, 평생에 걸쳐 그들이 매일 내리는 선택이 확실한 증거다.

"높임을 받으소서"는 영적인 승리의 경험에서 나오는 말이다. 엄청난 은혜의 보화가 있는 방의 문을 여는 작은 열쇠다. 이는 영혼 안에 있는 하나님의 생명의 핵심이다.

하나님을 추구하는 사람은 생활과 입술이 함께 끊임없이 "높임을 받으소서"라고 말하는 데 이르러야 한다. 그러면 1,000가지 작은 문제들이 일시에 풀릴 것이다. 그리스도인의 삶은 더는 이전처럼 복잡하지 않고 단순함 자체가 된다. 그는 의지를 발휘하여 삶의 경로를 정했고, 자동조종장치의 인도라도 받는 것처럼 그 경로를 유지할 것이다. 역풍을 만나 한동안 경로를 이탈한다 해도 영혼의 은밀한 경향에 이끌리듯 다시 제 길을 찾을 것이다. 성령의 감

하나님을 추구하는 사람은
생활과 입술이 함께 끊임없이
"높임을 받으소서"라고 말하는 데 이르러야 한다.
그러면 1,000가지 작은 문제들이 일시에 풀릴 것이다.

그리스도인의 삶은 더는 이전처럼 복잡하지 않고
단순함 자체가 된다.
그는 의지를 발휘하여 삶의 경로를 정했고,
자동조종장치의 인도라도 받는 것처럼
그 경로를 유지할 것이다.
역풍을 만나 한동안 경로를 이탈한다 해도
영혼의 은밀한 경향에 이끌리듯
다시 제 길을 찾을 것이다.

취진 움직임이 그에게 유리하게 작용하고, "별들이 …… 그들이 다니는 길에서" 그를 위해 싸운다(삿 5:20). 생명이 달린 문제의 핵심을 해결했으니, 나머지는 모두 따라오기 마련이다.

자신의 모든 것을 이렇듯 하나님께 자발적으로 넘기는 일로 인간의 존엄을 조금이라도 상실할까 염려하지 말기 바란다. 품위가 떨어지기는커녕, 오히려 창조주의 형상대로 만들어진 사람의 명예로운 제자리를 발견하게 된다. 우리의 심각한 불명예의 출처는 도덕적 혼란이고, 하나님의 자리를 부자연스럽게 찬탈한 일이다. 우리의 명예는 훔친 왕좌를 주인께 되돌려 드릴 때 회복될 것이다. 하나님을 모든 것 위로 높일 때 사람의 명예도 가장 드높아진다.

다른 이의 뜻에 따르는 일이 내키지 않는 사람이 있다면 "죄를 범하는 자마다 죄의 종"이라고 하신 예수님의 말씀을 기억해야 한다(요 8:34). 우리는 하나님이든 죄든, 누군가의 종이 될 수밖에 없다. 죄인은 자신이 독립적이라고 자랑하지만, 실은 그가 자신의 지체들을 다스리는 죄의 나약한 노예라는 사실을 완전히 무시한 행동이다. 그리스도께 순복하는 사람은 잔인한 노예 주인의 지배에서 벗어나 친절하고 부드러운 주인을 모시는 사람이다. 그분의 멍에는 쉽고 그분의 짐은 가볍다(마 11:30).

우리는 하나님의 형상을 따라 지음받았기에 그분을 다시 우리의 전부로 모실 때 별로 이상하게 느껴지지 않는다. 하나님은 원래 우리의 거처였으므로 그 오래되고 아름다운 집으로 다시 들어갈 때 우리 마음이 편안해질 수밖에 없다.

가장 높은 자리가 하나님의 자리라는 하나님의 주장에 깔린 타당성이 분명히 드러났기를 바란다. 그 자리는 하늘과 땅의 모든 권리를 소유하신 하나님의 것이다. 그분의 자리를 우리 것이라고 우기는 동안 우리 삶의 경로는 통째로 뒤죽박죽이 됐다. 우리 마음이 하나님이 높임을 받으시게 하겠다는 중대한 결정을 내리기 전까지는 그 무엇으로도 질서가 회복되지 않을 것이고 회복될 수도 없다.

하나님은 이스라엘의 한 제사장에게 "나를 존중히 여기는 자를 내가 존중히 여기(리라)"고 말씀하셨다(삼상 2:30). 하나님 나라의 이 오랜 법은 시간이 지나고 시대가 바뀐 오늘날에도 달라지지 않았다. 성경 전체와 역사의 모든 페이지가 그 법칙의 영속성을 선포한다. "사람이 나를 섬기면 내 아버지께서 그를 귀히 여기시리라"(요 12:26). 우리 주 예수님은 이렇게 말씀하시어 옛 법칙과 새 법칙을 이으시고 사람들을 대하시는 그분의 방식의 본질적 통일성을 드러내셨다.

어떤 일을 간파하는 최고의 방법이 그 반대편을 보는 것일 때가 있다. 엘리와 그 아들들은 생활과 사역에서 하나님을 존귀하게 여긴다는 조건으로 제사장이 된다. 그러나 그들은 그 조건을 지키지 못하고, 하나님은 사무엘을 보내셔서 그 결과를 알리신다. 엘리는 몰랐지만 이 상호 존중의 법칙은 줄곧 은밀하게 작용하고 있었고, 결국 심판의 시간이 왔다. 거듭나지 못한 제사장 홉니와 비느하스는 전사했다. 홉니의 아내는 출산 도중에 죽고, 이스라엘은 적군 앞에서 달아나고, 하나님의 언약궤는 블레셋 족속에게 탈취당하고, 노령의 엘리는 뒤로 넘어져서 목이 부러져 죽는다. 하나님을 존중하지 않은 엘리에게 이토록 엄중한 극한의 비극이 닥쳤다.

이런 최후를 맞은 엘리와 달리, 이 땅에서 사는 동안 하나님께 영광을 돌리려 정직하게 노력했던 성경 인물들을 보라. 하나님이 그분의 종들의 약점을 눈감아 주시고 실패를 못 본 체하시면서 그들에게 말할 수 없는 은혜와 복을 쏟아부으시는 것을 보라. 아브라함, 야곱, 다윗, 다니엘, 엘리야 또는 다른 하나님의 종을 보라. 씨앗에 추수가 따라오듯, 존중에 존중이 따라왔다. 하나님의 사람이 하나님을 그 무엇보다 높이기로 마음을 정했을 때, 하나님은 그의 의도를 사실로 받으시고 그에 따라 행동하셨다. 완전함이 아니라 거룩한 의도로 모든 것이 달라졌다.

이 법칙은 우리 주 예수 그리스도 안에서 그지없이 완전하게 드러났다. 천한 인간이 되신 그분은 자신을 낮추셨고 하늘에 계신 아버지께 모든 영광을 기꺼이 바치셨다. 예수님은 자신의 영광이 아니라 자신을 보내신 하나님의 영광을 구하셨다. 그분은 한번은 이렇게 말씀하셨다. "내가 내게 영광을 돌리면 내 영광이 아무것도 아니거니와 내게 영광을 돌리시는 이는 내 아버지시니"(요 8:54). 교만한 바리새인들은 이 법칙에서 너무 멀리 떠났기에 자신을 희생

144

이 땅에서 사는 동안

하나님께 영광을 돌리려 정직하게 노력했던

성경 인물들을 보라.

하나님의 사람이 하나님을

그 무엇보다 높이기로 마음을 정했을 때,

하나님은 그의 의도를 사실로 받으시고

그에 따라 행동하셨다.

완전함이 아니라

거룩한 의도로 모든 것이 달라졌다.

하고 하나님께 영광을 돌린 분을 이해할 수 없었다. 예수님은 그들에게 말씀하셨다. "나는 내 아버지께 영광을 돌리는 것인데 너희는 나를 멸시하는구나"(요 8:49, 우리말성경).

예수님의 또 다른 말씀, 아주 충격적인 이 말씀은 질문의 형태로 제시됐다. "너희가 서로 영광을 취하고 유일하신 하나님께로부터 오는 영광은 구하지 아니하니 어찌 나를 믿을 수 있느냐"(요 5:44). 내가 제대로 이해했다면, 여기서 예수님은 영광을 바라는 사람들의 욕망 때문에 믿음이 불가능하게 됐다는 두려운 원칙을 가르치셨다.

이 죄가 종교적 불신의 뿌리에 자리 잡고 있을까? 사람들이 믿을 수 없는 이유로 꼽은 '지적 어려움'은 그 배후의 진짜 원인을 가리는 연막에 불과한 것일까? 사람의 영광을 바라는 이 탐욕 때문에 사람들이 바리새인이 되고, 바리새인들이 '신을 죽인 자들'이 된 것일까? 이것이 종교적 독선과 공허한 예배의 은밀한 배후일까? 나는 그럴 수 있다고 믿는다. 하나님을 그분의 합당한 자리에 모시지 않을 때 삶의 경로 전체가 엉망이 된다. 하나님이 아니라 우리 자신을 높일 때 저주가 따라온다.

하나님을 바랄 때 늘 명심해야 할 것이 있다. 하나님도 바라시는 바가 있고 그분이 바라시는 대상은 사람들, 좀 더 구체적으로 말하면 하나님을 무엇보다 높이기로 단번에 결정하는 사람들이라는 것이다. 그런 사람들은 하나님께 땅이나 바다의 모든 보물보다 더 귀중하다. 하나님은 '그리스도 예수 안에서 사람에게 넘치는 친절을 보여 주실 무대'를 그들 안에서 발견하신다. 하나님은 그들과 거침없이 동행하실 수 있고, 그들에게 스스로 계신 하나님답게 행하실 수 있다.

이렇게 말하면서 한 가지 우려가 있다. 하나님이 이 책을 읽고 있는 독자의 '마음'을 얻으시기 전에 내가 독자의 '머리'를 먼저 설득하면 어쩌나 하는 것이다. '하나님을 모든 것 위에 두는' 입장을 취하는 것이 쉽지 않기 때문에 하는 말이다. 이 입장을 실행에 옮길 의지의 동의를 얻지 못한 채 머리로만 동의할 수 있다. 상상력은 하나님께 영광을 돌리겠다고 앞으로 내달리지만 의지는 뒤처지는데, 정작 본인은 자신의 마음이 이렇게 완전히 나뉜 것을 짐작도 못 할 수 있다. 사람이 전인적으로 결정을 내려야만 그의 마음이 진정한 만족을 얻을 수 있다. 하나님은 우리의 전부를 원하시고, 그 일을 이루실 때까지는 쉬지 않으실 것이다. 사람의 어느 한 부분만으로는 그분께 충분하지 않을 것이다.

이를 놓고 하나하나 기도하자. 하나님의 발 앞에 자신을 던지고 한마디 한마디에 진심을 담아 기도하자. 이렇게 기도하는 사람이라면 하나님이 그 기도를 받으셨다는 징표를 오래 기다릴 필요가 없다. 하나님은 그 종의 눈앞에 그분의 영광을 드러내실 것이고, 그가 그분의 모든 보물을 활용하도록 맡기실 것이다. 그렇듯 성별된 손에서는 그분의 영광이 안전하다는 것을 아시기 때문이다.

하나님, 제가 가진 그 무엇보다 높임을 받으소서.
주님이 제 삶에서 영광을 받으시기만 한다면,
세상의 어떤 보물도 제게 귀하게 보이지 않을 것입니다.

제 우정보다 높임을 받으소서.
제가 세상 한복판에 버림받고 혼자가 되어야 한다 해도
주님을 그 무엇보다 높이리라 다짐합니다.

제 안락함보다 높임을 받으소서.
제가 몸의 안락함을 잃고
무거운 십자가를 져야 한다고 해도
오늘 주님 앞에서 한 서원을 지키겠습니다.

제 평판보다 높임을 받으소서.
주님을 기쁘시게 하겠다는 포부를 품게 하소서.
그 결과로 제가 완전히 무명이 되고
제 이름이 꿈처럼 잊힌다 해도 그리하게 하소서.

주님, 주님께 합당한 영광의 자리에 오르소서.
제 야망보다, 제 호불호보다, 제 가족보다,
제 건강, 심지어 제 목숨보다 더 높은 자리에 오르소서.

주님이 흥하시도록
제가 쇠하게 하소서.
주님이 오르시도록
제가 내려가게 하소서.

초라하고 작은 짐승, 나귀, 그것도 어린 나귀를 타고
예루살렘에 들어가셨던 것처럼
저를 타고 가소서.
그리하여 아이들이 주님을 향해
"가장 높은 곳에서 호산나"라고 외치는 소리를
제가 듣게 하소서.
예수님의 이름으로 기도합니다. 아멘.

CHAPTER 9

참담한 인생 짐을 벗고,
예수의 온유함에 기대어

✦ 그분 발 앞에 엎드릴 때 비로소 찾아오는 쉼

온유한 자는 복이 있나니
그들이 땅을 기업으로 받을 것임이요.
마태복음 5장 5절

인류가 어떤 상태인지 잘 모르는 사람에게 그 상태를 상당히 정확하게 알려 줄 방법이 무엇일까? 성경에 나오는 팔복의 내용을 뒤집어서 "이것이 인류의 모습이다"라고 말하면 된다. 팔복에 나오는 미덕들과 정반대되는 모습이 인간의 생활과 행동을 구별 짓는 특성이기 때문이다.

인간 세상에서는 예수님이 유명한 산상설교의 서두에서 말씀하신 미덕들에 근접하는 어떤 것도 볼 수 없다. 가난한 심령이 아니라 지독한 교만이 보인다. 애통하는 자들이 아니라 쾌락을 추구하는 자들이 보인다. 온유 대신에 오만이 있다. 의에 주림 대신에 "나는 부자라 풍족해서 부족한 것이 하나도 없다"는 말이 들려온다(계 3:17, 우리말성경). 긍휼이 아니라 잔인함이 있다. 깨끗한 마음 대신에 타락한 상상이 있다. 평화를 이루는 사람들은 없고 싸우고 분개하는 이들만 보인다. 박해를 받고 기뻐하는 대신에 동원할 수 있는 온갖 무기로 저항한다.

문명사회는 이런 도덕적 특성으로 이루어져 있고, 사회 분위기도 이런 특성으로 가득 차 있다. 우리는 숨 쉴 때마다 이런 특성을 호흡하고 모유처럼 마신다. 문화와 교육으로 이런 특성들이 다소 순화되긴 하지만 그 본질은 고스란히 남아 있다. 이런 삶을 유일하고 정상적인 삶으로 정당화하기 위해 수많은 문학작품이 만들어졌다. 이런 특성들이 우리 모두의 삶을 쓰라린 투쟁의 장으로 만드는 폐해임을 생각하면 너무나 놀라운 일이다. 우리의 온갖 상심과 많은 신체적 질병이 다름 아닌 우리의 죄에서 기인한다. 교만, 오만, 적개심, 악한 상상, 탐욕은 이제껏 인간의 육신을 괴롭힌 모든 질병보다 더 많은 고통을 안겨 주었다.

이와 같은 세상에 들려온 예수님의 말씀은 놀랍고 이상한 소리로 느껴진다. 그야말로 하늘에서 내려온 소리 같다. 예수님은 분명 제대로 말씀하셨다. 다른 어느 누구도 그렇게 잘 이야기할 수 없었을 것이다. 그러니 우리는 그 말씀에 귀를 기울이는 게 마땅하다. 그분의 말씀은 진리의 정수다. 예수님은 의견을 밝히신 게 아니고, 결코 의견을 제시하신 적이 없다. 그분은 추측하신 적이 없다. 그분은 아셨고, 또 아신다.

그분의 말씀은 건전한 지혜의 총합 내지 예리한 관찰의 결과였던 솔로몬의 말과 다르다. 그분의 말씀은 충만한 신성에서 나온 것이고 진리 자체다. 그분은 완전한 권위를 갖추고 "복이 있다"고 말씀하실 수 있는 유일한 존재시다. 인류에게 복을 주시고자 하늘에서 내려오신 복된 분이기 때문이다. 그분의 말씀은 이 땅에서 그 누구의 행위보다 더 능력 있는 행위로 뒷받침됐다. 그 말씀은 우리가 귀 기울여야 할 지혜다.

　예수님은 자주 그리하시듯 "온유한"이라는 단어를 짧고 간결한 문장에서 사용하셨고, 시간이 어느 정도 지난 뒤에야 그 단어를 설명하셨다. 동일한 마태복음에서 예수님은 "온유"에 관해 좀 더 말씀하시고 그 단어를 우리 삶에 적용하신다. "수고하고 무거운 **짐** 진 자들아 다 내게로 오라 내가 너희를 쉬게 하리라 나는 마음이 온유하고 겸손하니 나의 멍에를 메고 내게 배우라 그리하면 너희 마음이 **쉼**을 얻으리니 이는 내 멍에는 쉽고 내 짐은 가벼움이라"(마 11:28-30).

　여기서 대조를 이루는 두 가지가 있는데 바로 "짐"과 "쉼"이다. 짐은 이 말씀을 처음 듣던 사람들에게만 해당하는 지역적인 문제가 아니라, 온 인류의 문제다. 정치적 압제나 가난이나 중노동이 짐의 전부가 아니다. 짐은 그보다 훨씬 더 깊은 문제다. 가난한 사람들뿐 아니라 부자들도 짐을 진다. 부(富)와 나태도 우리를 짐에서 구해 낼 수 없는 것이다.

　인류가 짊어진 짐은 무겁고 참담하다. 예수님이 사용하신 단어는 사람을 녹초로 만들 만큼 무거운 짐이나 고된 일을 뜻한다. 쉼은 그 짐에서 벗어나는 것이다. 이는 우리가 무엇을 행할 때가 아니라, 행하기를 멈출 때 찾아오는 어떤 상태다. 예수님의 온유, 이것이 쉼이다.

　우리의 짐을 검토해 보자. 그것은 전적으로 내면의 짐이다.

그 짐은 마음과 정신을 공격하고 내면에서 몸에 이르기까지 두루 두루 영향을 미친다. 우선, '교만'의 짐이 있다. 자기애의 노고는 참으로 무거운 짐이다. 스스로 생각해 보라. 우리의 슬픔은 많은 부분 우리를 경멸하는 말을 하는 사람 때문에 생기지 않는가. '나'를 충성을 바쳐야 할 작은 신으로 내세우는 한, '나'라는 우상을 신나게 모욕하는 사람은 나타나기 마련이다.

이런 상황에서 어떻게 내면의 평화를 바랄 수 있겠는가? 마음이 모욕을 당할 때마다 맹렬히 자기를 보호하려 들고 친구나 적수의 부정적 평가에 과민하게 대응하면서 명예를 지키겠다고 달려들면 정신은 결코 쉬지 못할 것이다. 이 싸움을 몇 년이고 계속하다 보면 그 짐이 주는 부담은 참을 수 없을 정도가 될 것이다. 하지만 세상의 자녀들은 이 짐을 계속해서 짊어진 채 모든 부정적인 말에 이의를 제기하고, 모든 비판 아래 움츠러들고, 모욕을 당했다는 생각이 들 때마다 속상해하고, 다른 누군가에게 선호도에서 밀리면 잠 못 이루고 뒤척인다.

우리는 이런 짐을 짊어질 필요가 없다. 예수님은 우리를 그분의 쉼으로 부르시고, 온유가 그분의 방법이다. 온유한 사람은 누가 자기보다 대단한지에 개의치 않는다. 세상의 존경은 애써 얻을 만한 가치가 없다고 오래전에 판단했기 때문이다.

그는 너그러운 유머 감각을 길러서 자신에게 이렇게 말할 줄 안다. '오, 그러니까 사람들이 너를 몰라봤구나? 다른 사람이 너보다 높은 평가를 받았구나? 네가 결국 별 볼 일 없다고 자기들끼리 귓속말을 했어? 너 스스로 하던 그 말을 세상 사람들이 했다고 상처받은 거야? 어제만 해도 네가 아무것도 아니고 땅에 기는 벌레일 뿐이라고 하나님께 말씀드렸잖아. 일관성은 어디 갔어? 이봐, 스스로를 낮추고 사람들의 생각에 더는 개의치 마.'

온유한 사람은 열등감에 괴로워하는 겁쟁이 생쥐가 아니다. 오히려 도덕적 삶에서는 사자처럼 담대하고 삼손처럼 강인할 수 있다. 그는 더는 자신에 관해 속지 않는다. 자신의 삶에 대한 하나님의 평가를 받아들였다. 그는 하나님이 선언하신 대로 자신이 약하고 무력한 존재임을 알고, 역설적이게도 그와 동시에 하나님이 자신을 천사보다 중요하게 보신다는 것도 안다. "내 안에는 아무것도 없지만, 하나님 안에 모든 것이 있다." 이것이 온유한 사람의 모토다.

그는 하나님이 그를 보시듯 세상이 그를 바라볼 일은 결코 없을 것임을 잘 알고 세상의 평가에 더는 관심을 갖지 않는다. 하나님의 가치 평가에 자신을 맡기고 완전히 만족하며 안식한다. 모든 것이 제 가격표를 받고 진정한 가치를 인정받을 날을 참을성 있게 기다릴 것이다. 그때 의인은 아버지의 나라에서 밝게 빛날 것이다. 그는 그 날을 기꺼이 기다린다.

그러는 동안 그는 영혼의 안식처에 이르게 될 것이다. 온유하게 행하면서 하나님의 보호에 자신을 행복하게 맡길 것이다. 자기방어라는 오랜 싸움은 끝난다. 그는 온유함이 가져다주는 평화를 발견한다.

그는 '가장'(假裝)의 짐에서도 벗어날 것이다. 내가 말하는 가장은 위선이 아니라, 좋은 인상을 남기려 하고 내면의 진짜 빈곤을 감추고 싶어 하는 인간의 공통된 마음이다. 죄는 우리에게 여러 사악한 속임수를 부리는데, 그중 하나가 거짓 수치심의 주입이다. 더 좋은 인상을 주려고 꾸미지 않고 자신을 있는 모습 그대로 대담하게 드러내는 사람은 남자든 여자든 드물다.

실체를 들킬지 모른다는 두려움이 생쥐처럼 마음을 갉아먹는다. 교양인은 언젠가 자기보다 더 교양 있는 사람을 만나게 될 거라는 두려움에 시달린다. 학식 있는 사람은 자기보다 더 학식이 많은 사람을 만나게 될까 두려워한다. 부자는 자신의 옷이나 차나 집이 언젠가 더 큰 부자의 옷이나 차나 집에 비해 비교되어 싸구려로 보일 거라는 두려움에 식은땀을 흘린다. 소위 '사회'를 움직이는 동기가 바로 이것이다. 가난한 계층 사람들도 그들 나름대로 부자들보다 나을 바가 없다.

이는 누구도 웃어넘길 일이 아니다. 이 짐은 실제로 존재하고, 이런 사악하고 부자연스러운 삶의 방식에 걸려든 사람을 서서히 죽인다. 그리고 여러 해 동안 이런 삶에 길들여진 마음의 눈에 참된 온유함은 꿈처럼 비현실적이고 별처럼 머나먼 곳에 있는 것으로 보인다. 마음을 갉아먹는 이 질병의 모든 희생자에게 예수님이 말씀

온유한 사람은 더는 자신에 관해 속지 않는다.

자신의 삶에 대한 하나님의 평가를 받아들였다.

그는 하나님이 선언하신 대로

자신이 약하고 무력한 존재임을 알고,

역설적이게도 그와 동시에

하나님이 자신을 천사보다 중요하게 보신다는 것도 안다.

"내 안에는 아무것도 없지만,

하나님 안에 모든 것이 있다."

이것이 온유한 사람의 모토다.

하신다. "너희가 어린아이들과 같이 되어야 한다"(마 18:3 참고).

어린아이들은 비교하지 않기 때문이다. 아이들은 자신이 가진 것을 다른 것 또는 다른 사람과 비교하지 않고 그것이 주는 기쁨을 그대로 누린다. 좀 더 자라고 죄가 그들의 마음을 휘젓기 시작하고서야 질투와 시기가 나타난다. 다른 사람이 더 크고 더 좋은 것을 갖고 있으면 자기가 가진 것을 누릴 수 없게 되는 것이다. 성가신 짐이 그 여린 영혼을 짓누른다. 예수님이 그들을 자유롭게 해 주셔야만 비로소 벗어날 수 없을 것 같은 그 짐을 내려놓을 수 있다.

우리를 짓누르는 짐의 또 다른 원인은 '인위적 꾸밈'이다. 대부분의 사람이 언젠가 자신이 부주의한 어느 순간에 때마침 적이든 친구든 자신의 빈곤하고 텅 빈 영혼을 들여다보게 될까 봐 두려워한다. 그래서 그들은 결코 긴장을 풀지 못한다. 똑똑한 사람들은 덫에 걸려 뻔하고 어리석은 말을 하게 될까 봐 두려워 긴장하고 정신을 바짝 차린다. 견문이 넓은 사람들은 자신이 가 보지 못한 어떤 외지를 자세히 설명할 수 있는 마르코 폴로 같은 사람을 만날까 봐 두려워한다.

이런 부자연스러운 상태는 우리가 물려받은 죄라는 서글픈 유산의 일부분이지만, 우리 시대의 전반적인 생활 방식 때문에 더욱 악화된다. 상업광고는 대체로 이런 가장하는 습관을 바탕으로 만들어진다. 사람들은 파티에서 돋보이고 싶은 욕망에 노골적으로 호소하며 이런저런 인문학 분야의 '강좌'를 홍보한다. 실제와 다른 모습으로 보이고 싶은 욕망을 끊임없이 자극하여 책을 팔고 옷과 화장품을 판매한다.

인위적 꾸밈의 저주는 예수님의 발 앞에 무릎을 꿇고 그분의 온유에 자신을 맡기는 순간 약해질 것이다. 그때 우리는 하나님이 우리를 기뻐하시는 한, 사람들이 우리를 어떻게 생각하는지에 개의치 않게 될 것이다. 우리의 실제 모습만이 중요해질 것이고, 우리가 어떻게 보이는가는 관심사에서 한참 멀어질 것이다. 죄 말고는 우리가 부끄러워할 게 전혀 없다. 그저 돋보이고 싶은 악한 욕망 때문에 우리는 실제와 다른 모습으로 보이고 싶어 하는 것이다.

이 교만과 가장의 짐 아래서 세상의 심장부가 부서지고 있다. 그리스도의 온유가 아니고는 우리는 이 짐을 벗을 길이 없다. 합당하고 예리한 추론이 어느 정도 도움이 될 수 있지만, 가장의 악덕은 너무나 강하기에 한 지점에서 그것을 넘어뜨린다 해도 어딘가 다른 곳에서 다시 치고 올라올 것이다.

세상 모든 사람에게 예수님이 말씀하신다. "내게로 오라 내가 너희를 쉬게 하리라"(마 11:28).

예수님은 온유한 안식을 주신다. 우리 모습을 있는 그대로 받아들이고 가장하기를 중단할 때 찾아오는 복된 안도를 누리게 하신다. 처음에는 상당히 용기가 필요하겠지만, 이 새롭고 쉬운 멍

죄 말고는 우리가 부끄러워할 게 전혀 없다.
그저 돋보이고 싶은 악한 욕망 때문에
우리는 실제와 다른 모습으로 보이고 싶어 하는 것이다.
이 교만과 가장의 짐 아래서
세상의 심장부가 부서지고 있다.

그리스도의 온유가 아니고는
우리는 이 짐을 벗을 길이 없다.

에를 강하신 하나님의 아들과 함께 메는 법을 배우다 보면 꼭 필요한 은혜가 주어질 것이다. 그분은 그것을 "나의 멍에"라고 부르시고, 우리가 멍에의 한쪽 끝을 메고 걸어갈 때 다른 쪽 끝을 메고 함께 걸어가신다.

주님, 저를 아이처럼 만드소서.
자리나 명성이나 지위를 놓고
다른 사람과 경쟁하려는 마음에서
저를 건져 주소서.

어린아이처럼 단순하고 소박해지기를 원합니다.
저를 허세와 가장에서 건져 주소서.
저에 관한 생각으로 온통 바쁜
태도를 용서하소서.
제 자신을 잊고 주님을 바라보며
참된 평화를 얻도록 도우소서.

주님 앞에서 저를 낮추오니
이 기도에 응답하여 주소서.

자기 망각이라는 주님의 쉬운 멍에를
제게 메어 주시어
그것을 통해 쉼을 얻게 하소서.
예수님의 이름으로 기도합니다. 아멘.

온 세상이 성소요,
온 생애가 제사장 사역이기를

✦ 모든 순간을 거룩한 예배로 만드는 기술

그런즉 너희가 먹든지 마시든지
무엇을 하든지
다 하나님의 영광을 위하여 하라.
고린도전서 10장 31절

세속 그리스도인이 맞닥뜨리는 내적 평화의 심각한 장애물은 삶을 성(聖)과 속(俗)의 두 영역으로 나누는 흔한 습관이다. 이 두 영역은 서로 별개로 존재하고 도덕적·영적으로 양립할 수 없다고 여기는데, 살아가다 보면 불가피하게 두 영역 사이를 계속 넘나들 수밖에 없다 보니, 우리 내면의 삶은 자꾸만 부서져 우리는 통합된 삶이 아닌 분열된 삶을 살기 십상이다.

문제의 원인은 그리스도를 따르는 우리가 영적 세계와 자연계, 두 세계에서 동시에 살아간다는 데 있다. 아담의 후손인 우리는 이 땅에서 육체의 한계, 인간 본성이 물려받은 약점, 여러 문제에 시달리며 살아간다. 사람들 사이에서 살아가는 일만 해도 여러해 동안의 노고가 필요하고, 세상의 일들에 많이 신경 쓰고 관심을 쏟아야 한다. 성령 안에서 누리는 삶은 이것과 날카롭게 대조된다. 거기서 우리는 더 높은 다른 차원의 삶을 향유한다. 하나님의 자녀인 우리는 천국 시민의 지위를 보유하고 그리스도와 친밀한 교제를 누린다.

상황이 이렇다 보니 우리의 삶 전체가 두 부분으로 나뉘는 경향이 있다. 우리는 무의식적으로 두 종류의 행동을 인식하게 된다. 첫 번째는 하나님께 기쁨을 드린다는 만족감과 분명한 확신으로 하는 행동들이다. 기도, 성경 읽기, 찬양, 교회 출석, 믿음에서 바로 나오는 기타 행동이 여기에 속한다. 이런 행동의 특징은 세상과 직접적인 관계가 없고, 믿음이 우리에게 보여 주는 또 다른 세상, "손으로 지은 것이 아니요 하늘에 있는 영원한 집"이 존재하지 않는다면 아무 의미가 없다는 점이다(고후 5:1).

이런 성스러운 행위 반대편에 세속적 행위들이 있다. 세속적 행위는 우리가 아담의 아들딸들과 공유하는 평범한 활동을 모두 아우른다. 먹고 자고 일하고 몸의 필요를 돌보고 이 땅에서 지루하고 평범한 온갖 임무를 수행하는 일이 다 여기에 해당한다. 우리는 이런 행위들을 상당한 불안을 안고 마지못해 수행하곤 하고, 스스로 시간과 힘의 낭비라고 여기는 이 일들에 대해 종종 하나님께 용서를 구한다. 그러다 보니 우리는 대부분의 시간 동안 불안하다. 깊은 좌절감을 안고 일상의 과제를 수행하면서 수심에 찬 채 이렇게 혼잣말을 한다. '이 땅의 껍질을 벗고 세상의 일에 더 이상 개의치 않아도 될 더 좋은 날이 올 거야.'

이는 역사가 오래된 성속의 이분법이다. 대부분의 그리스도인은 이 덫에 걸려 있다. 두 세상의 요구 사이에서 만족스럽게 적응하지 못한다. 두 나라 사이에서 줄타기를 시도하고 어디에서도 평화를 찾지 못한다. 그들의 힘은 줄어들고, 시각은 혼란스럽고,

기쁨마저 빼앗긴다.

그러나 이런 사태는 불필요하다. 우리가 딜레마에 빠진 건 사실이지만, 그 딜레마는 실재하지 않는다. 오해의 산물이다. 신약성경에는 성속의 대립에 대한 근거가 전혀 없다. 기독교 진리를 보다 온전히 이해하면 우리는 분명히 이 덫에서 벗어날 것이다.

주 예수 그리스도, 그분이 우리의 완전한 본이 되신다. 그분은 분열된 삶을 알지 못하셨다. 아버지의 임재 안에서 갓 태어난 아기 때부터 십자가에서 죽으실 때까지 이 땅에서 흠 없이 사셨다. 하나님은 그분의 생애 전체를 예물로 받으셨고 성속의 행위를 구분하지 않으셨다. 예수님은 "나는 항상 그가 기뻐하시는 일을 행〔한다〕"는 말씀으로 아버지와 관련하여 자신의 생애를 간결하게 요약하셨다(요 8:29). 그분은 사람들 사이로 다니실 때 침착하고 평온하셨다. 그분이 큰 압박과 고난을 견디셔야 했던 것은 세상의 죄를 지셨다는 자리 때문이었지, 도덕적 망설임이나 영적 부적응의 결과가 결코 아니었다.

"무엇을 하든지 다 하나님의 영광을 위하여 하라"라는 바울의 권고는 경건한 이상주의를 넘어선 것이다(고전 10:31). 이 권고는 거룩한 계시의 필수 구성 요소이며, 우리는 이를 진리의 말씀으로 받아야 한다. 이 말씀은 우리 삶의 모든 행위가 하나님의 영광에 기여할 수 있는 가능성을 열어 준다. 소심한 우리가 "무엇을 하든지 다"에서 뭔가를 빠뜨릴까 봐, 바울은 먹는 것과 마시는 것이라는 구체적 사례를 언급한다. 우리는 먹고 마시는 이 소박한 특권을 소멸하는 짐승들과 공유한다. 이런 비천한 동물적 행위를 수행하는 것으로 하나님께 영광을 돌릴 수 있다면, 그럴 수 없는 행위를 생각하기가 어려워진다.

초기의 일부 경건서 저술가들 저작에는 몸에 대한 수도사적 혐오가 두드러지게 나타나는데, 이런 혐오는 하나님의 말씀에서 아무 근거도 찾을 수 없다. 성경에 겸손은 자주 나오지만, 내숭이나 엉터리 수치심은 없다. 신약성경은 성육신하신 우리 주님이 진짜 인간의 몸을 취하셨다는 것을 당연하게 받아들이고, 그 사실의 분명한 함의를 회피하려는 어떤 시도도 하지 않는다.

그분은 세상 사람들 사이에서 그 몸으로 사셨고 거룩하지 않은 행위는 한 번도 하지 않으셨다. 우리 주님이 육신을 입으신 것은 인간의 몸에 본질적으로 신성에 거슬리는 요소가 있다는 유해한 생각을 영원히 싹 제거한다. 하나님이 우리 몸을 창조하셨고, 우리가 몸을 만드신 책임을 하나님께 돌려도 그분은 불쾌하게 여기시지 않는다. 하나님은 손수 만드신 작품을 부끄러워하시지 않는다.

자신의 능력을 악용, 오용, 남용하는 인간의 행태는 스스로 부끄럽게 여길 만한 충분한 이유가 된다. 죄악 되고 본성을 거스르는 행동은 절대 하나님을 영화롭게 할 수 없다. 어디든 인간의 의지가 도덕적 악을 들여오는 곳에서는 우리의 능력이 하나님이 만드신 순수하고 무해한 상태라고 더는 말할 수 없다. 우리가 오용하고 왜곡시킨 능력으로는 결코 창조주께 영광을 돌릴 수 없다.

하지만 악용과 오용이 없다고 가정해 보자. 회개와 거듭남이라는 한 쌍의 경이로운 일이 삶에 일어난 기독교 신자를 생각해 보자. 그는 기록된 말씀에 의거하여 자신이 이해하는 만큼 하나님 뜻에 따라 살아간다. 그런 사람에 대해서는 삶의 모든 행동이 기도나 세례나 성만찬만큼이나 참으로 거룩하다고, 또는 거룩해질 수 있다고 말할 수 있다. 이렇게 말하는 것은 모든 행위의 수준을 한 단계 낮추는 일이 아니다. 오히려 모든 행동을 끌어올려 하나님 나라의 것이 되게 하고 삶 전체를 성례(聖禮, sacrament)로 바꾸는 일이다.

성례가 내적 은총의 외적 표현이라면 우리는 앞의 명제를 받아들이기를 주저할 필요가 없다. 우리의 전 자아를 하나님께 거룩히 구별하여 드리는 성별의 행위로 말미암아 이후의 모든 행위가 그 성별의 표현이 되게 할 수 있다. 예수님이 나귀 새끼를 타고 예루살렘에 들어가시면서 그 소박한 짐승을 부끄러워하지 않으셨던 것처럼, 우리도 평생 우리를 실어 나르는 육체를 더는 부끄러워할 필요가 없다.

[제자들이 나귀 새끼를 가져가며 그 주인에게 했던 말인] "주께서 필요로 하십니다"라는 말을 우리 죽을 몸에도 적용할 수 있을 것이다 (눅 19:34, 우리말성경). 그리스도께서 우리 안에 거하시면, 옛날에 그 작은 나귀가 영광의 주님을 태우고 군중에게 "가장 높은 곳에 호산

나"라고 외칠 기회를 제공했던 것처럼 우리도 영광의 주님을 모시고 다닐 수 있을 것이다.

이 진리를 '아는' 것만으로 충분하지 않다. 성속의 딜레마라는 덫에서 벗어나려면 이 진리가 '우리 핏속에 흘러야' 하고 우리 생각의 양상에 영향을 미쳐야 한다. 하나님의 영광을 위해 사는 것을 단호하게 실제적으로 연습해야 한다.

이 진리를 숙고하고, 기도로 자주 하나님과 이 문제를 이야기하고, 사람들 사이에서 살아가면서 이 진리를 자주 떠올리면 그 경이로운 의미가 우리를 사로잡기 시작할 것이다. 평온하고 통일성 있는 삶 앞에서 오래되고 고통스러운 분열은 무너질 것이다. 우리의 전부가 하나님의 것이며 하나님이 모두 받으셨고 아무것도 거부하지 않으셨다는 지식이 우리 내면의 삶을 통합하고 모든 것을 거룩히 여기게 해 줄 것이다.

물론 이것으로 문제가 완전히 해결되진 않는다. 오랜 습관은 쉽사리 죽지 않는다. 성속의 이분법적 사고에서 완전히 벗어나려면 지적인 사고와 많은 경건한 기도가 필요할 것이다. 예를 들면, 평범한 그리스도인이 자신의 일상적 노동을 예수 그리스도에 힘입어 하나님이 받으실 만한 예배의 행위로 수행할 수 있다는 생각을 이해하기 어려울 수 있다. 또 오래된 성속의 이분법이 가끔씩 머리 한구석에 떠올라 마음의 평화를 깨뜨릴 수 있다. 옛 뱀 마귀는 잠자코 드러누워 이 상황을 방관하지 않을 것이다. 마귀는 택시

안이나 사무실 책상이나 생활의 현장에서 그리스도인인 그가 하루의 대부분을 세상의 일들을 하는 데 할애하고 신앙적 의무를 수행하는 데는 주어진 시간의 극히 일부분만 쓴다는 사실을 상기시킬 것이다. 아주 조심하지 않으면 이것이 혼란과 낙심을 초래하고 마음을 무겁게 만들 것이다.

믿음을 적극적으로 행사해야만 여기에 제대로 대응할 수 있다. 우리는 모든 행위를 하나님께 바쳐야 한다. 그리고 하나님이 이를 받아 주신다고 믿어야 한다. 그러고 나서 그 입장을 굳게 견지하면서 낮이나 밤이나 매 시간의 어떤 행동도 여기서 배제되지 않게 해야 한다.

개인 기도 시간에 우리의 모든 행동이 하나님께 영광이 되기 원한다고 계속 말씀드리자. 그리고 일상의 일들을 해 나가면서 수많은 '생각 기도'로 그 시간들을 보충하자. 모든 일을 거룩한 예배로 만드는 섬세한 기술을 연습하자. 하나님이 우리가 하는 모든 단순한 행위에 임하신다고 믿고 그 안에서 그분을 발견하는 법을 배우자.

지금까지 다룬 〔행위를 거룩하고 속된 것으로 나누는〕 오류와 함께 나타나는 오류가 있다. 바로 장소에 적용된 성속의 분리다. 신약 성경을 읽고도 여전히 특정 장소가 다른 장소와 구별된 내재적 신성함을 갖는다고 믿을 수 있다니 놀라울 정도다. 이 오류는 너무 널리 퍼져 있어서 이에 맞서 싸우려 들면 완전히 혼자라는 느낌을 받게 된다. 이는 일종의 염료처럼 작용하여 종교인들의 생각뿐 아니라 눈까지 물들이기 때문에 그 오류를 감지하기가 거의 불가능한 일이 됐다.

이와 반대되는 신약성경의 모든 가르침에도 불구하고 사람들은 이 오류를 여러 세기에 걸쳐 말하고 노래하고 기독교 메시지의 일부로 받아들였다. 그러나 이 오류가 기독교 메시지의 일부가 아닌 것은 너무나 분명하다. 내가 아는 한, 퀘이커 교도들만이 이 오류를 알아볼 통찰력을 갖추었고 그것을 폭로할 용기를 발휘했다.

내가 파악한 사실을 정리해 보겠다. 400년 동안 이스라엘은 애굽(이집트)에서 지독한 우상숭배에 둘러싸여 지냈다. 그러다 마침내 모세의 손에 이끌려 애굽에서 나와 약속의 땅으로 출발했다. 그들은 거룩의 개념 자체를 잃어버린 상태였다. 이를 바로잡기 위해 하나님은 바닥에서부터 시작하셨다. 하나님은 구름과 불 가운데 자신을 나타내셨고 나중에 성막이 지어지자 지성소에 불로 현현하여 거하셨다.

그분은 무수한 구분을 제시하여 거룩한 것과 거룩하지 않은 것의 차이를 가르치셨다. 거룩한 날, 거룩한 그릇, 거룩한 옷이 있었다. 여러 종류의 씻음, 제사, 예물이 있었다. 이런 수단들을 통해 이스라엘은 하나님이 거룩하시다는 것을 배웠다. 하나님은 그들에게 바로 이것을 가르치신 것이었다. 사물이나 장소의 거룩함이 아니라 여호와의 거룩하심이 그들이 배워야 하는 교훈이었다.

그러다 그리스도께서 나타나시는 위대한 날이 왔다. 그분은 곧바로 이렇게 말씀하기 시작하셨다. "옛사람에게 말한 바 …… 하였다는 것을 너희가 들었으나 나는 너희에게 이르노니"(마 5:21-22). 이것으로 구약성경식 교육은 끝났다. 그리스도께서 십자가에서 죽으셨을 때 성전의 휘장이 위에서부터 아래로 찢어졌다. 지성소는 믿음으로 그곳에 들어가는 모든 사람에게 개방됐다. 사람들은 그리스도의 이 말씀을 기억했다. "이 산에서도 말고 예루살렘에서도 말고 너희가 아버지께 예배할 때가 이르리라 …… 아버지께 참되게 예배하는 자들은 영과 진리로 예배할 때가 오나니 곧 이때라 아버지께서는 자기에게 이렇게 예배하는 자들을 찾으시느니라 하나님은 영이시니 예배하는 자가 영과 진리로 예배할지니라"(요 4:21, 23-24).

그로부터 얼마 뒤 바울은 자유의 기치를 들고 모든 고기는 깨끗하고 모든 날은 거룩하고 모든 장소는 신성하며 모든 행위는 하나님께 받으실 만한 것이라고 선포했다. 인류를 교육하는 데 필요한 어스름한 빛이었던 특정한 날과 장소의 신성함은 영적 예배라는 온전한 태양 앞에서 사라졌다.

교회는 예배의 영적 본질을 어느 정도 소유하고 있었으나 시간이 흐르면서 서서히 잃어버렸다. 그러다 타락한 인간 마음의 율법주의적 본성이 지나간 옛 구분들을 다시 들여오기 시작했다. 교회는 다시금 날과 절기와 때를 지키게 됐다. 특정한 장소를 골라

특별한 의미에서 거룩하다고 정했다. 이 날과 저 날, 이 장소와 저 장소, 이 사람과 저 사람을 구분했다. 성례(성사, 聖事)가 처음에는 둘이었다가 셋이 되고 넷이 되더니 마침내 로마가톨릭이 승리하면서 일곱으로 정해졌다.

어떤 그리스도인에 관해서도 나쁘게 말하고 싶지 않고, 설령 그가 생각이 잘못된 사람이라고 해도 내 마음은 크게 다르지 않지만, 로마가톨릭교회가 오늘날 성속을 나누는 이단적 주장의 논리적 극단을 보여 준다는 점만큼은 더없이 안타까운 마음으로 지적하고 싶다. 그 치명적 결과로 종교와 생활의 완전한 분열이 따라왔다. 로마가톨릭교회의 교사들은 이런 덫을 피하기 위해 많은 각주와 무수한 설명을 추가했지만, 논리적 일관성을 추구하는 인간의 마음의 충동은 너무나 강하다. 그리하여 성과 속의 분열은 실생활에서 사실로 받아들여지고 있다.

종교개혁자들과 청교도들과 중세 신비주의자들은 우리를 이런 속박에서 끌어내려고 노력했다. 그러나 오늘날 보수주의 진영의 흐름은 그 속박으로 되돌아가는 것이다. 불타는 건물에서 말을 끌어내면 이상한 고집을 부리며 자기를 구해 낸 사람을 뿌리치고 그 건물로 다시 달려 들어가 타 죽기도 한다고 들었다. 이 시대의 근본주의는 오류로 이끌리는 이런 완고한 성향에 따라 영적 노예 상태로 되돌아가고 있다. 날과 때를 지키는 흐름이 우리 사이에서 점점 우세해지고 있다. 복음주의 그리스도인 사이에서도 '사순절'

과 '성 주간'과 '성 금요일' 같은 단어들이 점점 자주 들려온다. 우리는 자신이 얼마나 큰 복을 받았는지 모르는 것이다.

독자가 오해 없이 내 말을 잘 이해하게 하고자 내가 주장해 온 가르침, 즉 '일상생활의 성례적 특성'의 실제적 의미를 강조해 보고자 한다. 그 긍정적 의미와 대조되는 내용, 곧 그것이 의미하지 않는 몇 가지를 지적하고 싶다.

예를 들면, 우리가 하는 모든 일이 하나하나 똑같이 중요하다는 뜻은 아니다. 선량한 사람의 인생에서 한 가지 행동은 다른 행동과 중요성에서 큰 차이가 있을 수 있다. 바울의 장막 재봉은 로마서 집필과 동등하지 않다. 그러나 둘 다 하나님이 받으셨고 둘 다 참된 예배의 행위였다. 한 영혼을 그리스도께 인도하는 일이 정원에 나무를 심는 일보다 더 중요하지만, 나무를 심는 것은 영혼을 구원하는 것만큼 거룩한 일일 수 있다.

다시 말하건대, 이 가르침은 모든 사람이 다른 모든 사람과 똑같이 유용하다는 뜻은 아니다. 그리스도의 몸 안에는 은사의 차이가 있다. 교회와 세상에 끼친 유용성 면에서 빌리 브레이[9] 같은 설교자는 루터나 웨슬리 같은 사람과 비교가 안 된다. 그러나 재능이 부족한 형제의 섬김도 재능 있는 형제의 섬김 못지않게 순수하고, 하나님은 둘 다 똑같이 기쁘게 받으신다.

'평신도'(layman)는 자신의 소박한 임무가 목사의 임무보다 열등하다고 생각하지 않아도 된다. 각 사람이 자신이 받은 부르심 안에 거한다면 그의 일은 목회 일처럼 신성할 것이다. 누군가의 일이 신성한지 세속적인지는 그가 하는 일의 종류가 아니라 '그 일을 하는 이유'가 결정한다. 동기가 전부다.

마음에서 주 하나님을 거룩하게 하는 사람에게는 천한 일이란 없다. 그가 하는 모든 일은 예수 그리스도를 통해 하나님이 받으실 만한 선한 일이 된다. 그런 사람에게는 삶 자체가 성례전이고 온 세상이 성소다. 그의 온 생애가 제사장의 사역이 된다. 그가 결코 소박하지 않은 자신의 임무를 수행할 때 사람들이 이렇게 말하는 소리를 들을 것이다. "거룩하다 거룩하다 만군의 여호와여 그의 영광이 온 땅에 충만하도다"(사 6:3).

마음에서 주 하나님을 거룩하게 하는 사람에게는
천한 일이란 없다.
그가 하는 모든 일은 예수 그리스도를 통해
하나님이 받으실 만한 선한 일이 된다.

그가 결코 소박하지 않은 자신의 임무를 수행할 때
스랍들이 이렇게 말하는 소리를 들을 것이다.
"거룩하다 거룩하다 만군의 여호와여
그의 영광이 온 땅에 충만하도다."

주님, 주님을 온전히 신뢰하기 원합니다.
제가 전적으로 주님의 사람이 되기 원합니다.
주님을 모든 것보다 높이기 원합니다.

주님 외의 어떤 것에도
연연하지 않기를 원합니다.
주님의 압도적인 임재를 쉼 없이 의식하고
주님의 말씀하시는 음성을 듣기 원합니다.

평온하고 진실한 마음으로 살기를 갈망합니다.
성령 안에서 충만하게 살면서
제 모든 생각이 주님께 올라가는 달콤한 향이 되고
제 삶의 모든 행위가 예배가 되기를 원합니다.

오래전 주님의 위대한 종의 말을 빌려 기도합니다.
"청하오니 주님의 말할 수 없는 은혜의 선물로
제 마음의 의향을 정결케 하소서.
그리하여 제가 주님을 온전히 사랑하고
주님께 마땅한 찬미를 드리게 하소서."[10]

이 모든 것을 하나님의 아들이신
예수 그리스도의 공로로 제게 허락하실 줄 확신합니다.
예수님의 이름으로 기도합니다. 아멘.

글쓴이

A. W. 토저

Aiden Wilson Tozer

A. W. 토저는 가난한 가정 형편으로 정식 교육을 받은 적이 없다. 하지만 베드로와 요한처럼 그에게는 "위로부터" 입은 지혜가 있었고, 사람들은 그가 예수님과 함께 있었음을 알아보았다(행 4:13). 생애 말년까지 그는 부단히 많은 책을 읽었고, 그 양은 고등교육을 받은 여느 사람들을 훨씬 능가했다. 또한 그는 평생 공부에 힘을 쏟았고, 그 결과 수십 권의 책을 써냈으며, 교단 기관지의 편집장을 맡기도 했고, 숨을 거두기 직전까지 40년 넘게 목회를 하면서 탁월한 설교자로 인정받았다.

그의 설교 관련 자료와 그가 집필한 책들은 오늘날에도 전 세계 신자들에게 하나님을 추구하고 거룩하게 살아가도록 선한 영향을 미치고 있다. 생전에 업적을 인정받아 1950년에 휘튼칼리지

180

(Wheaton college), 2년 뒤 호튼칼리지(Houghton college)에서 명예박사
학위를 받았다.

하나님을 추구하는 여정에 오르다

토저는 1897년 4월 21일에 미국 펜실베이니아주 라 호세(현
재 뉴버그)에서 여섯 형제 중 셋째로 태어났다. 열일곱 살 때 오하이
오주 애크런에서 회심했다. 어느 날, 일을 마치고 집으로 걸어가다
가 그는 거리 설교자가 외치는 소리를 들었다. "어떻게 구원받는지
모르겠거든, 그냥 하나님을 부르고 이렇게 말하십시오. '하나님,
저를 불쌍히 여겨 주소서. 저는 죄인입니다.' 그러면 하나님이 들
으실 것입니다." 그는 집에 도착한 뒤 다락방으로 올라가 그 거리
설교자의 말대로 했다. 그는 하나님께 부르짖어 구원을 받았고, 그

렇게 예수님을 따르는 평생의 여정이 시작됐다.

이 단순한 행위는 여러 면에서 토저의 전 생애와 사역을 규정하게 된다. 그는 20대 초반에 목사 안수를 받고 숲속 조용한 곳으로 물러나 다음과 같이 기도했는데, 나중에 그 내용을 적어 놓고 "작은 선지자의 기도"라고 이름 붙였다. "제게 볼 수 있는 눈을 주시고, 제가 보는 내용을 신실하게 전할 용기를 주소서. 제 목소리가 당신의 목소리를 닮게 하시어 병든 양도 그 목소리를 알아듣고 당신을 따르게 하소서."

기도와 공부에 정성을 쏟다

하나님은 그의 요청을 들어주신 것 같다. 토저는 기도, 공부, 선포, 이 세 가지 주된 임무에 전념했다. 아침 일찍 사무실에 도착하면 외출용 바지가 구겨지지 않도록 낡은 바지로 갈아입고 길게는 한 번에 세 시간까지 기도했다. 기도를 시작할 때는 의자에 앉아서 시작하지만 이내 그는 바닥으로 내려가 카펫에 얼굴을 파묻고 깊이 기도했다.

그는 공부에도 꾸준히 시간을 들였다. 주로 성경을 묵상하고 공부했지만, 성경과 더불어 초대 교부, 중세의 신비주의자, 종교개

혁가, 청교도, 철학자들을 비롯해 동시대 저자들의 책도 폭넓게 깊이 읽었다. 그가 받은 정식 교육이 초등학교 졸업에서 멈춘 걸 생각하면 참으로 놀라운 일이다.

글과 설교로 복음을 선포하는 소명

토저는 홀로 기도하고 공부하며 하나님께 들은 내용을 책과 설교로 사람들에게 아낌없이 전했다. 가장 유명한 저작인《하나님을 추구하다》(The Pursuit of God)는 야간열차에서 성경과 공책, 연필만 갖고 쓴 것이다. 어느 기독교 잡지의 필진은 이 책을 "모든 시대를 통틀어 최고의 신앙 서적 중 한 권"으로 꼽았다. 토저는 현대인들에게 분주함을 애석히 여기고, 느긋하고 꾸준히 하나님을 응시하라고 촉구한다. 그는 선지자로서의 활력과 유려한 산문을 통해, 하나님을 귀하게 여기고 그분의 임재를 알 수 있도록 삶을 고요하고 차분히 하라고 강권한다. 그리고 하나님과 동떨어진 삶은 사실상 전혀 살아 있는 것이 아님을 일깨운다.

토저는 무릎을 꿇고 글을 쓴다. 하나님의 성품을 그에 걸맞게 장엄하게 선포하기에 더없이 적절한 자세다. 그는 우리에게 "잠자는 자여, 일어나라!"라고 말하지만, 그 부름에 주목하는 사람은 여기서 "일어나는 것"이란 곧 하늘의 하나님 앞에서 무릎을 꿇고 겸손하게 그분을 바라보는 일임을 알게 될 것이다. 하나님을 추구한다는 것은 그분을 아는 것이고, 그로 인해 그분께로 끌려드는 것이다.

토저의 가장 유명한 두 권의 책은 《하나님을 추구하다》와 《하나님을 바로 알자》(The Knowledge of the Holy)이며, 그 외에도 《십자가에 못 박혀라》(The Crucified Life), 《토저의 사도신경 읽기》(The Apostles Creed), 《온전한 믿음을 추구함》(Toward a More Perfect Faith) 등 그가 생전에 쓴 글과 그의 사후에 그의 설교와 기사들을 엮어 출간된 책이 수십여 권 있다. 이런 그의 저서들과 설교들은 지금까지 많은 영적 병폐를 치료했다.

1950년부터는 교단 기관지인 〈얼라이언스 위클리〉(Alliance Weekly; 현재는 Alliance Life)의 편집장을 맡았고, 이는 1960년대 가장 인기 있는 잡지가 됐다. 그는 '교회의 세속성'과 '그리스도인이 갖추어야 할 거룩의 필요성'에 관해 많이 이야기했고 글을 썼다. 그는 하나님의 거룩에 관심이 있었고, 사람을 기쁘게 하기보다 하나님을 기쁘시게 하는 데 더 관심이 있었다.

토저는 기독교선교연맹(Christian and Missionary Alliance; CMA) 교단 소속이 된 뒤 웨스트버지니아의 한 작은 교회에서 목회를 본격적으로 시작했다. 44년에 걸친 신실한 목회 사역의 시작이었다.

1924년 인디애나폴리스에 있는 교회로 부임하면서 그전까지 비신자에 대한 복음 전도에만 집중했던 그의 사역이 보다 확장됐다. 그는 설교 준비에 더욱 많은 시간을 투자했고 성경 연구에 몰두했다. 지치지 않는 독서와 사색으로 수많은 책을 탐독하며 하나님에 대한 지혜와 지식에서 자라났다. 많은 시간을 들여 기도의 제단을 쌓았고, 하나님과 동행하는 법을 배웠다. 그렇게 이 시간 동안 그는 탁월한 설교자와 작가로서의 발판을 다졌다.

그리고 1928년부터 1959년까지 약 30년간 대도시인 시카고에 있는 사우스사이드얼라이언스교회(Southside Alliance Church)에서 시무하며 당시 기독교계에 이름을 널리 알렸다. 이후 부임한 캐나다 토론토의 애비뉴로드교회(Avenue Road Church; 현재 베이뷰글렌교회)가 그의 생전 마지막 사역지였다.

"하나님의 사람"

한편 토저는 에이다 세실리아 포츠와 결혼해 46년을 해로했고, 아들 여섯과 딸 하나를 두었다. 이 부부는 소박했고 물질주의와 반대되는 삶을 살았다.

그리고 1963년 5월 12일, 토저는 66세의 나이에 심장마비로

죽었다. 그의 묘비에는 이렇게 더없이 단순하고도 명확한 문구가
새겨져 있다.

"A. W. 토저. 하나님의 사람."

"작은 선지자"에게 어울리는 문구 아닌가. 토저의 생전에도
사후에도 많은 이들이 그를 현대의 선지자로 여겼는데, 아마도 오
래전 그가 숲속에서 드렸던 그 기도 덕분이리라.

토저는 분명 특별했다. 20세기 초 미국 중서부 사람 특유의
강단과 목자의 마음을 겸비한 인물이었다. 엄숙하고 진지한 표정
너머로 따뜻한 유머가 넘쳤고, 강철 같은 지성으로 예리한 표현을
구사했다. 그러나 이것이 전부라면 그는 한낱 재능 있는 사람에 그
쳤을 것이다. 하나님을 향한 온전한 헌신, 성령을 향한 한결같은
의존, 그리스도의 아름다움에 힘써 주목하는 자세야말로 그를 진
정한 '하나님의 종'으로 빚어낸 열쇠였다.

주

1. Samuel M. Zwemer(1867-1952). 미국의 선교사이자 신학자. 이슬람 선교의 개척자로, "이슬람의 사도"라고 불린다.

2. 이 문장을 두고 하는 말이다. "사람이 만일 온 천하를 **얻고도** 제 목숨을 잃으면 무엇이 **유익**하리요"(마 16:26).

3. 하나님은 사울에게 아말렉과 싸우고 아말렉의 모든 것을 진멸하라고 하셨지만, 사울은 하나님의 명령을 어기고 아말렉의 양과 소 가운데 제일 좋은 것은 남겨 두고 쓸모없고 값나가지 않는 것만 진멸했다. 그로 인해 사울은 하나님께 버림받았다(삼상 15:18-23).

4. 페르시아의 수학자이자 천문학자, 시인인 오마르 하이얌(Omar Khayyám)의 시집 《루바이야트》(Rubáiyát)에 나오는 문구.

5. Nicholas of Cusa, *The Vision of God* (E. P. Dutton & Co., Inc., New York, 1928). 이 인용문 및 이어지는 인용문들은 출판사의 친절한 허락을 받고 실었다.

6. "영생은 곧 유일하신 참하나님과 그가 보내신 자 예수 그리스도를 아는 것이니이다."

7. *The Vision of God.*

8. *The Vision of God.*

9. Billy Bray(1794-1868). 광부 출신의 영국인 설교자. 찬양하고 춤추는 설교로 유명했고 세 교회를 세웠다.

10. *The Cloud of Unknowing.*

하나님을 향한 거룩한 추구를 이어 가려면

한 번에 한 걸음씩 올라야 한다.

한 걸음을 거부하면

우리의 전진은 끝나고 만다.